課題解決のための

専門図書館ガイドブック

専門図書館協議会私立図書館小委員会編

読書工房

はじめに

　最近は、何か調べたいことがあると、ネットで探すことが多くなってきました。身近な最近の話題などたいていのことならば、ネットで探せるかもしれません。

　しかし、私たちが仕事や学習あるいは趣味で、「調べたい」「解決したい」と思うテーマや課題は広範囲におよび、しかも、それらは非常に専門的・特定的、いわばニッチでマニアックになってきています。このような専門的なテーマに関する、信頼性のある情報は、ネットでは調べられない場合が数多くあります。

　こうした情報の入手や課題の解決において、公共図書館や学校図書館、大学図書館などの図書館が頼りになることは、よく知られています。公共図書館は、市町村などの地方自治体が運営していて、その市町村に住んでいる人や、通勤・通学するすべての人が利用できる図書館です。また、学校図書館や大学図書館は、誰でもが一度は利用した経験があるはずです。

　もう少し調査に慣れた人ならば、国立国会図書館を使うかもしれません。国立国会図書館は、わが国最大の蔵書を誇る図書館で、全国の図書館ネットワークの中心となっています。蔵書目録がネットで公開されていますし、18歳以上の国民は直接来館して利用できます。

　しかしながら、私たちが探したい専門的なテーマは、公共図書館や国立国会図書館でも調べられないことがあります。多少調べられたとしても、不十分であったり、もっと適切な情報がたくさんある可能性があります。

　なぜならば、専門的・特定的な情報は、テーマに応じてそれぞれ多種多様なものが存在していて、全分野を対象とした図書館では、これらの狭く深い情報までは収集できないからです。しかも、専門的になればなるほど、求める情報を入手するには、そのテーマに関する専門的知識や情報検索に関する経験が必要になるため、一般的な図書館では適切な情報を迅速に得ることが難しい場合があるのです。

　わが国には、このような専門的なテーマの情報を収集し、専門の図書館員が情報探索の支援をしてくれる一般に公開されている図書館があります。それが、本書で紹介している公開専門図書館です。

　この公開専門図書館は、市民にも、図書館関係者にもあまり知られていないのですが、利用すれば大変に役立つ図書館です。専門図書館というと、気軽に利用しにくい印象があるかもしれませんが、近年は公共図書館と同様に、さまざまな企画展やセミナー、児童向けのイベントなども開催され、積極的なサービスが行われています。

　本書は、私たちが解決したい専門的な課題・テーマに関する資料や情報を蓄積していて、なおかつ、それを調査できる図書館員がいる、一般に公開されている専門図書館が、どこにあるかを調べるための本です。

　本書は、読者にとって、「図書館に調べに行く」「図書館員に調査支援を頼む」ために必須の、実務的な専門図書館名鑑となることでしょう。

２０２０年７月

専門図書館協議会私立図書館小委員会

課題解決のための専門図書館ガイドブック　もくじ

3 科学技術・医療・健康

4 歴史・地理・哲学・宗教

5 子ども・教育・社会・人権・女性・福祉

6 美術

7 音楽・演劇・映画・メディア

8 行政・防災

9 国際・海外・語学

レファレンス事例

インタビュー

専門図書館とは

専門図書館とは、一般的には、ある特定的なテーマの情報を収集・蓄積・保存し提供している図書館を指します。この専門図書館の中に、本書で紹介する一般に公開している専門図書館が含まれます。

専門図書館の特徴としては、次のような点が挙げられます。

専門図書館の特徴

①特定のテーマを持っている

専門図書館の定義となる特徴ですが、ここでいう特定のテーマとは、主題（自動車・災害など）だけに限りません。地域（フランス・横浜市など）、時代（江戸時代など）、形態や媒体（マンガ・雑誌など）など多岐に渡ってテーマが設定されています。

②設置母体がさまざまである

専門図書館の多くは、企業、団体、研究機関、大学、国際機関など、さまざまな組織の一部署として設置されています。その目的は、設置母体の社員や職員、会員、在籍者のためで、通常は利用者もその限定された範囲となります。

その中でも、財団法人や社団法人などの公益法人が設置した図書館の中に、一般に公開されている専門図書館があります。これが、図書館法にいう私立図書館に該当します。その他、企業や大学、研究機関が設置している図書館でも、その組織内だけでなく、公益のために公開されている図書館があります。

これらの公開専門図書館が、本書の対象となっています。

③収集資料が多様かつ貴重である

専門図書館の収集資料のテーマは非常に狭いので、書店などで販売されている図書のみならず、むしろ非売品で一部の人しか入手できない資料（公官庁資料、レポート、古漢籍、パンフレット、カタログなど）が収集の中心となっています。したがって、とても貴重で、世界でもこの図書館でしか所蔵していないというような資料が多く含まれています。

④主題専門図書館員（サブジェクト・ライブラリアン）が存在する

特定のテーマの資料や情報を調査するには、そのテーマに関する専門知識と、図書館や情報に関する知識が必要です。例えば、自動車についてならば、自動車工学や自動車産業に関する知識が当然必要です。また、自動車工学の情報がどこから発生し発信されるか、それらはどのように流通するか、自動車工学の研究者、機関、出版社、雑誌、事典や辞書、ネット情報源など、テーマの情報に関する知識も必要です。これらの情報専門家を、主題専門図書館員（サブジェクト・ライブラリアン）と称しています。専門図書館には、たいていこうした主題専門図書館員がいます。

⑤独自の資料保存整理法を持っている

わが国の図書館のほとんどは、日本十進分類法という分類法で図書を分類整理しています。図書館利用者にとってはなじみのある分類法ですが、専門図書館ではこの一般的な分類法だけでは、図書を十分整理できません。例えば、自動車の資料を集めている図書館は、日本十進分類法の「５３７自動車工学」に該当する図書が大部分なので、独自にさらに詳細な分類法を必要とします。

これは図書の例ですが、③で述べたように図書以外の形態の資料も多くありますので、それぞれの図書館では、独自の分類表やキーワード集などを作成して、整理しています。

他の図書館とのサービスの違い

このように、専門図書館には、他の図書館とは異なる特徴があるので、利用者に対するサービスにも違いがあります。

専門図書館では、利用者が自分で探したいテーマに関する情報を、書架を眺めて、迅速に入手することが難しい場合があります。なぜならば、分類は独自の方法で整理されていますし、閉架書架に所蔵されている資料もあります。探すキーワードも専門用語が多くなります。そこで、その専門図書館と専門的情報に慣れるまでは、図書館員の援助を得る必要があります。図書館員へ調査の援助を求めるサービスをレファレンス・サービスといいます。

専門図書館をうまく利用するためには、ぜひカウンターに座っている主題専門図書館員に、遠慮なく尋ねていただきたいと思います。専門図書館の利用のコツは、このレファレンス・サービスを受けることにあります。

また、専門図書館の資料は、代替のきかない貴重な資料が多いため、公共図書館のように全面開架ではなく、閉架書架が多くなっています。図書館を見渡しても、書架に本や雑誌があまり見当たらず、カウンターと閲覧席が目につくだけだったりするかもしれません。資料が紛失したり破損しても補填できないので、どうしても貸出不可の図書館が多く、閲覧とコピーがサービスの中心となります。

さらに、専門図書館は、公共図書館のように税金で賄われていないので、財源を確保するために、わずかですが利用料金を求める場合がありますし、全国から不特定多数の利用者が訪れますので、来館時に身分証明書の提示や登録を求められることもあります。

あるいは、図書館によっては、開館日時が限られていたり、あらかじめ来館予約を求められる場合もあります。これは、専門図書館は、公共図書館や大学図書館のように大勢の職員ではなく、1人か2人の職員で運営されていることが多いため、利用者に適切なサービスを行うためにはやむを得ないことなのです。

以上のような、専門図書館の特徴や実態から生ずるサービスの違いを理解して、図書館を存分に利用してほしいと思います。

本書について

本書の特徴と構成

(1)全国171館の一般公開されている専門図書館の、利用のための基本的なデータ、所蔵資料の特徴やサービス内容などを、写真とともに解説しています。

(2)巻末に図書館名索引と、テーマから探せるキーワード索引が付いています。

(3)専門分野のレファレンス事例を掲載し、調べるテクニックを紹介しています。

(4)主題専門図書館員や司書教諭をインタビュー取材し、その図書館の特徴や図書館業務、利用事例などを紹介しています。

(5)巻末に全国の専門図書館を調べられるサイトと、専門図書館の所蔵資料を横断的に検索できるサイトを紹介しています。

収録図書館の掲載基準

日本全国の公開している専門図書館を対象として、原則として左記の基準に合致した図書館、あるいは本書の目的に合致すると判断した図書館のうち、掲載原稿と写真を提供いただいた図書館を収録しています。

(1)レファレンス・サービスがある。

(2)コピーサービスがある。

(3)図書館のサイトがある。あるいは設置機関のサイトの中に図書館独自のページを持つ。

(4)蔵書目録がある。

(5)専任の図書館員がいる。

(6)入館に際して公共図書館と同等程度のアクセシビリティの良さがある。

ただし、国立国会図書館と支部図書館および地域開放の大学図書館は、一部例外はありますが、原則として除いています。

分類と配列

本文に掲載している図書館は、次の9つのテーマに分類しています。

1. くらし・スポーツ・文学
2. ビジネス・産業
3. 科学技術・医療・健康
4. 歴史・地理・哲学・宗教
5. 子ども・教育・社会・人権・女性・福祉
6. 美術
7. 音楽・演劇・映画・メディア
8. 行政・防災
9. 国際・海外・語学

このテーマごとに、1ページ掲載の図書館と2分の1ページ掲載の図書館のグループに分け、それぞれを都道府県コード順に並べた後、図書館名の50音順で配列しています。

本書を使った専門図書館の利用手順

本書を使ってどのように専門図書館を利用したらよいか、その基本的な手順を示します。

(1)本書の目次あるいは索引で目的の専門図書館を探します。キーワード索引の見出し語は、各図書館のテーマを表す主なキーワードを示しています。思いついたキーワードが見つからない場合は、その同義語や上位語、下位語を探してください。

(2)目次や索引で示されたページで、図書館の基本データや概要を確認してください。

(3)図書館の基本データのピクトグラムの意味は、凡例（⬇15ページ）で確認してください。

(4)検索エンジンで図書館のホームページを検索し、開館日時や利用方法を確認します。本書のデータは、変更されていたり、臨時休館の場合などがあります。

(5)基本データ記載の電話番号にしたがい電話をかけ、所蔵資料の事前確認や来館目的などを伝えて、来館予約をすることを勧めます。そうすると来館時にあらかじめ資料を用意しておいてくれたりします。特に基本データの「入館条件」で、事前予約の記述がある場合は必ず事前連絡をお願いします。

(6)基本データの「入館手続」や「館外貸出」の条件で身分証明書等の提示が記載されている場合は、これらを携帯して来館してください。

(7)基本データの「アクセス」を参考に、図書館ホームページの情報や地図を確認して来館してください。

(8)図書館受付で必要ならば所定の手続きをしてください。

(9)自分で欲しい資料や情報を探せなかった場合は、必ず図書館員に尋ねてください。きっと有益な情報が得られます。

専門図書館協議会私立図書館小委員会と編集の経緯

専門図書館協議会は、官庁・地方議会・民間各種団体・調査研究機関・企業・大学その他の図書館や資料室などの図書館活動の連携と、その向上と発展に資することを目的とし、１９５２年（昭和27年）に設立された任意団体です。私立図書館小委員会は、図書館法に定められた私立図書館に関する問題を協議するために、２００９年に設置されました。

私立図書館小委員会は、２０１７年４月から本書の企画の検討を始めました。当初は私立図書館を一般に知らしめるためのガイドブックを考えていましたが、検討する中で、私立図書館のみならず、一般の人々が必要とする公開専門図書館に対象を広げることにしました。

２０１８年度には、掲載候補図書館の検討を行い、２０１９年６月に掲載候補館２１９館に対し掲載許諾願いを発送し、同年８月から９月にかけて、最終的に１７１

館から許諾許可と掲載原稿を入手しました。その後、原稿の編集を行い、2020年4月から7月にかけて各図書館の承認を得て掲載しています。

本企画に携わった私立図書館小委員会委員および協力者は以下のとおりです。

［委員長］
藤田節子
　元川村学園女子大学教育学部教授

［委員］（以下五十音順）
田村靖広
　（公財）後藤・安田記念東京都市研究所
　　市政専門図書館
西坂麻里子
　（一財）石川武美記念図書館
結城智里
　（一財）機械振興協会BICライブラリ

［協力者］
須貝弥生
　元（公財）松竹大谷図書館
武藤祥子
　（公財）松竹大谷図書館

謝辞

本書を編集するにあたり、掲載許諾ならびに原稿執筆や写真提供をいただきました各専門図書館に心から御礼申し上げます。また、インタビュー取材や原稿執筆に応じてくださいました図書館員の方々にも、深く感謝の意を表します。編集においては、読書工房の成松一郎社長ならびに渡辺拓海氏には大変お世話になりました。厚く御礼申し上げます。

（専門図書館協議会私立図書館小委員会）

凡例

①都道府県名

図書館の所在都道府県名を示しています。

②図書館名

図書館に確認した名称を採用しています。法人組織名（公財、一社、独法など）は、省略して記載しています。

③サービス・設備

（濃く印刷されたものが「有り」または「可」を示しています）

- 複写サービス
- OPACWeb公開
- PC持込
- Wi-Fi設備
- 多目的トイレ
- 車椅子利用

④電話番号

利用する前にこの電話番号で確認してください。

⑤開館時間

図書館の開館時間です。変更する場合があるので事前に確認してください。

⑥休館日

図書館の休館日です。書架整理のための臨時休館などもあるので事前に確認してください。

⑦入館料金［条件・手続き］

入館・閲覧のための料金で、無料、あるいは有料の場合の金額を示しています。身分証明書の提示、会員登録の必要などの条件が補記されています。

⑧館外貸出［条件・制限］

館外貸出の可、不可。可の場合の資格や対象資料などの条件も示します。貸出ができない場合には、（閲覧のみ）と示す場合があります。

⑨書架の状態

開架、閉架、一部開架（閉架中心）など。

どのような書架状態であっても、資料を探すにはOPACでの検索や図書館員への相談が有効です。

⑩住所

2020年7月現在の住所です。

⑪アクセス

最寄りの駅名と徒歩の時間を示しています。その他の方法もありますので、事前にホームページで確認してください。

⑫レファレンス・サービスの受付方法

（濃く印刷されたものが「可」を示しています）

- 対面
- 電話
- FAX
- メール
- 郵送

1

くらし・スポーツ・文学

岩手県

全国で唯一の詩歌専門の総合文学館

日本現代詩歌文学館

にほんげんだいしいかぶんがくかん

0197-65-1728

市内中心部にある緑豊かな「詩歌の森公園」の一角に建つ

開館時間	9:00〜17:00
休館日	無休（12月〜翌3月は月曜）、年末年始
入館料金［条件・手続き］	無料（貸室利用料別）
館外貸出［条件・制限］	不可（閲覧のみ）
書架の状態	一部開架（閉架中心）
住所	〒024-8503 岩手県北上市本石町2-5-60
アクセス	JR東北新幹線北上駅からタクシーで6分

大きな窓から公園の四季も楽しめる閲覧室。蔵書の閲覧、複写などに対応

こどもコーナー。
こども向けの詩・俳句の本や、ことばのパズルが楽しめる

レファレンス・サービスの受付方法

詩歌の本や雑誌は膨大な種類が発行されているが、それぞれの部数はごくわずかであり、時間がたってしまうと手に入れることが困難になってしまうものも多数ある。貴重な資料の散逸を危惧した詩歌人らの働きかけにより、日本で唯一の詩歌（詩、短歌、俳句、川柳）専門の総合文学館として1990年に開館。

全国の明治以降の詩歌に関する資料を、有名無名問わずに収集、保存している。蔵書のほとんどが全国からの寄贈によるもので、開館から30年を迎え、その数は130万点に及ぶ。

展示室では毎年テーマを変えた常設展や、その時々の特別企画展示を開催。活躍中の詩歌人からテーマに即して寄せられた自筆作品も見どころのひとつ。豊富な資料を生かして、調査に関する相談にも応じている。

東京都

世界でも珍しい郵便切手の専門博物館

COPY OPAC

切手の博物館図書室

きってのはくぶつかんとしょしつ

03-5951-3331

切手のことを知りたくなったら訪れてみたい、切手の博物館。
入館料（大人200円、小中学生100円）を切手で支払うこともできる

開館時間	10:30〜17:00
休館日	月曜、展示替え期間、年末年始
入館料金［条件・手続き］	無料（利用には博物館への入館料200円が必要）
館外貸出［条件・制限］	不可（閲覧のみ。閉架図書の閲覧は1日1000円）
書架の状態	一部開架（閉架中心）
住所	〒171-0031 東京都豊島区目白1-4-23
アクセス	JR山手線目白駅から徒歩3分

明治・大正期、日本のフィラテリー草創期の貴重な文献
「天野安治文庫」（要事前予約）

閲覧席は16席。切手・郵便関連の書籍や雑誌を静かな環境で閲覧できる

レファレンス・サービスの受付方法

郵便切手文化の振興と発展に寄与することを目的として、１９９６年に東京の目白に開館した博物館。郵便切手文化に関する資料を収集・保存し、研究調査を行うとともに、広く一般へ向けて公開している。

日本および外国の切手約35万種を有しており、2階にある図書室では、郵便、切手に関する図書約1万３０００冊、雑誌やオークション誌約２０００タイトルを所蔵。郵趣・フィラテリー（切手を集め楽しむ趣味）に特化した蔵書は、明治・大正のフィラテリー草創期の貴重な文献から漫画まで多岐に及ぶ。切手を調べる基本となる『さくら日本切手カタログ』や『スコットカタログ』の最新版、郵趣雑誌など、所蔵の一部は開架図書として無料で閲覧できる。

郵便切手の持つ魅力や面白さを伝えるため、さまざまな企画展、特別展、体験ワークショップを定期的に開催中。

東京都

古典の世界に触れてみよう

国文学研究資料館

こくぶんがくけんきゅうしりょうかん

050-5533-2926

開館時間	9:30～18:00(土曜は～17:00)
休館日	日曜、祝日、第4水曜、2月末は約1週間点検期間あり、年末年始
入館料金[条件・手続き]	無料(利用登録または当日利用カードの申請)
館外貸出[条件・制限]	不可(紙焼写真本の一部に関しては一夜のみ貸出可)
書架の状態	一部開架(閉架中心)
住所	〒190-0014　東京都立川市緑町10-3
アクセス	多摩都市モノレール高松駅から徒歩10分

国文学研究資料館の外観

国文学に関する資料や、研究文献等を調査研究、収集、保存して利用に供することを目的として、1972年に東京都品川区に創設された。その際、文部省史料館が組織に組み入れられる。2004年に法人化し、2008年には現在の立川市に移転した。所蔵資料には古典籍の原本資料、研究書、研究誌のほか、調査収集事業で収集した他館所蔵原本のマイクロフィルム等がある。

レファレンス・サービスの受付方法

東京都

全国で唯一の日本語に関する専門図書室

国立国語研究所研究図書室

こくりつこくごけんきゅうじょけんきゅうとしょしつ

042-540-4640

開館時間	9:30～17:00
休館日	土・日曜、祝日、毎月最終金曜、夏期休室あり(8月の3日間)、年末年始、その他臨時休あり
入館料金[条件・手続き]	無料
館外貸出[条件・制限]	不可(閲覧のみ)
書架の状態	一部開架(閉架中心)
住所	〒190-8561　東京都立川市緑町10-2
アクセス	多摩都市モノレール高松駅から徒歩7分

全国で唯一の日本語に関する専門図書室

日本語の特質の全貌を解明し、言語の研究を通して人間に関する理解と洞察を深めることを目的として設置された国立国語研究所。その研究所内にある、全国で唯一の日本語に関する専門図書室では、日本語に関する研究文献、言語資料を中心に、日本語教育、言語学といった関連分野の資料を収集している。事前の申し込みで、閲覧希望資料を用意してもらうことも可能。

レファレンス・サービスの受付方法

東京都

国内外の自転車雑誌や資料が読める

自転車文化センター

じてんしゃぶんかセンター

03-4334-7953

開館時間	9:30～17:00(入館は～16:45)
休館日	月曜(祝日の場合は翌平日)、年末年始
入館料金 [条件・手続き]	無料(一部資料の閲覧には「友の会」会員登録が必要、登録料は500円)
館外貸出 [条件・制限]	不可(閲覧のみ)
書架の状態	一部開架(閉架中心)
住所	〒141-0021 東京都品川区上大崎3-3-1 自転車総合ビル 1階
アクセス	JR山手線目黒駅から徒歩3分

レファレンス・サービスの受付方法

自転車に関する資料がずらりと並ぶ書架

1981年に自転車文化の伝承、継承、情報収集と提供を目的とし、国内で数少ない自転車専門の図書館・博物館類似施設として創設。現在、国内外の自転車専門誌や新刊図書等、自転車に関する書籍1万1500冊をはじめ、部品やポスター等の関連資料約2万点を所蔵。実車の展示も見どころのひとつで、歴史的価値の高い自転車などさまざまなモデルが展示されている。

東京都

体育スポーツ関連の専門書が豊富にそろう

日本体育大学図書館・本館

にっぽんたいいくだいがくとしょかん・ほんかん

03-5706-0906

開館時間	8:45～22:00(土曜は～19:00、日曜は10:15～18:00、授業期間外は開館時間の変更あり)
休館日	日曜、祝日(授業期間中は無休)、大学行事等による臨時休あり
入館料金 [条件・手続き]	無料(利用対象者は、高校生以上で所蔵資料の利用を希望する者のみ)
館外貸出 [条件・制限]	可(身分証明書を提示の上、要利用登録。一部資料は貸出不可)
書架の状態	一部開架(閉架中心)
住所	〒158-8508　東京都世田谷区深沢7-1-1
アクセス	東急田園都市線桜新町駅から徒歩15分

レファレンス・サービスの受付方法

独自の分類で配架された体育・スポーツ関連図書

日本体育大学の附置機関として1971年に開館。図書約42万冊、雑誌約6600誌を所蔵。蔵書は独自の「日本体育大学図書館体育・スポーツ分類表」で分類した体育とスポーツ関連資料が中心で、公式報告書、写真集、ポスターなどのオリンピックに関するものも多い。貴重コレクションには、「民和文庫」(武道分野)、「髙橋《たかはし》健夫《たけお》文庫」(スポーツ教育学分野)などがある。

航空図書館

こうくうとしょかん

📞03-3502-1205

開館時間	10:00～17:00
休館日	土･日曜、祝日、特別整理期間、年末年始
入館料金［条件･手続き］	無料
館外貸出［条件･制限］	可（有料登録制。一部資料は貸出不可）
書架の状態	開架
住所	〒105-0004　東京都港区新橋1-18-1
アクセス	地下鉄内幸町駅から徒歩3分

航空図書館ならでは「入り口にはランウェイ（滑走路）でお出迎え」

洋書もさまざまな種類があり、飛行機の写真や絵を見ているだけでも楽しい

レファレンス・サービスでは、素朴な疑問にも応えてくれる

レファレンス・サービスの受付方法

1919年に前身である帝国飛行協会に設けられた「飛行文庫」から発し、1955年に開設。国内外の航空・宇宙に関わる図書をそろえた専門図書館。

所蔵資料は、歴史ある古い蔵書から新しい雑誌まで約1万冊。ここにしかない貴重書をはじめ、航空関係の統計資料、パイロットが実際に使うルートマップ、エアラインの機内誌、業界誌、模型飛行機やスカイスポーツに関する国内外の雑誌も幅広く用意。

利用者は、航空愛好家・評論家、大学教員、パイロットなどの専門家からキャビンアテンダント志望の学生までさまざま。

従来の航空図書のレファレンス・サービスに加え、エアラインでの経験豊富なスタッフ・航空スポーツや航空の歴史に詳しいスタッフが、利用者の素朴な疑問や研究調査、進路相談、取材にも対応してくれる。

住総研図書室

じゅうそうけんとしょしつ

03-3275-3078

図書室閲覧スペース

開館時間	9:00～12:00、13:00～16:00
休館日	土・日曜、祝日、夏期休館あり、年末年始、その他臨時休あり
入館料金［条件・手続き］	無料
館外貸出［条件・制限］	不可（閲覧のみ）
書架の状態	開架
住所	〒103-0027 東京都中央区日本橋3-12-2 朝日ビルヂング　2階
アクセス	地下鉄日本橋駅から徒歩4分

第8回住まいの本展（2019）の様子

第8回図工教室（2019）の様子

レファレンス・サービスの受付方法

建築・都市関連をはじめとした「住まい」に関する多彩な情報や、教育、社会学等の周辺分野の資料も収集し、研究者や一般の利用者に向けて幅広く公開している専門図書館。

学識経験者や専門家が「住」をキーワードに選んだ蔵書は現在約2万1000冊を数え、受入中の雑誌は44タイトルあり、『新建築』『住宅特集』等は30年以上継続して受入している。書架は全面開架式を採用しているため、1945年以前に出版された貴重な資料も直接手に取って利用することができる。住宅研究の第一人者の業績をコンパクトにまとめた「エッセンス文庫」では、現在4名の研究者のコーナーを設置しており、一般には流通していない珍しい資料も所蔵。

毎年夏（7～8月）には「住まいの本展」を開催しており、一般財団法人住総研が毎年設定している重点テーマに沿った展示を楽しめる。

東京都

貴重な近現代文学に関する資料を多数収蔵

日本近代文学館

にほんきんだいぶんがくかん

03-3468-4181

開館時間	9:30～16:30
休館日	月曜(祝日の場合は翌平日)、日曜、第4木曜、2月・6月の第3週の特別整理期間、年末年始
入館料金［条件・手続き］	300円(利用は15歳以上のみ。初回利用時は身分証明書を提示)
館外貸出［条件・制限］	不可(閲覧のみ)
書架の状態	一部開架(閉架中心)
住所	〒153-0041　東京都目黒区駒場4-3-55
アクセス	京王井の頭線駒場東大前駅から徒歩7分

文学館の外観。学生や研究者などが多く訪れる

日本の近代・現代文学とその関連資料を広く収集している文学館で、48万冊を超える図書、2万8000タイトル以上の雑誌を収蔵。激しい社会変遷のなかで近代文学資料の散逸を憂えた、高《たか》見《み》順《じゅん》、小《お》田《だ》切《ぎり》進《すすむ》ら作家・研究者の呼びかけにより、約1万5000人から資料や資金の支援を得て設立されたという成り立ちから、多くの文学者の文庫・コレクションが収められている。

レファレンス・サービスの受付方法

東京都

化粧・美容・服装・美人観を学ぶなら、こちら

ポーラ化粧文化情報センター

ポーラけしょうぶんかじょうほうセンター

03-3494-7250

開館時間	10:30～17:00
休館日	月・火・木～日曜、祝日、年末年始
入館料金［条件・手続き］	無料
館外貸出［条件・制限］	不可(閲覧のみ)
書架の状態	一部開架(閉架中心)
住所	〒141-0031 東京都品川区西五反田2-2-10 ポーラ第2五反田ビル 1階
アクセス	JR山手線五反田駅から徒歩3分

閲覧室には約3000冊の基本図書を開架

ポーラ文化研究所が収集してきた資料の公開を目的に、化粧文化の専門図書館として開設。日本と欧米の17～19世紀の化粧、髪型、装身文化に関する貴重書をはじめ、20世紀以降の化粧や関連分野の文献約1万6000冊の閲覧が可能。特別コレクションとして、英国のヘアモード研究家J.S.コックス氏旧蔵の資料群「コックス・コレクション」を所蔵している。

レファレンス・サービスの受付方法

愛知県

体育・スポーツ・健康教育の発展に寄与

体育とスポーツの図書館

たいいくとスポーツのとしょかん

0565-62-3500

開館時間	10:00～17:00(冬期は～16:30)
休館日	月～木曜
入館料金［条件・手続き］	無料(会議や学習会での利用は3時間1000円)
館外貸出［条件・制限］	可(身分証明書を提示。一部資料は貸出不可)
書架の状態	開架
住所	〒444-2424 愛知県豊田市足助町城山49-2
アクセス	名鉄豊田線浄水駅からとよたおいでんバス百年草行きで約1時間、足助田町下車、徒歩5分

ゼミ合宿での利用。卒論の執筆にも絶好の環境

学生、教師、スポーツ指導者など、体育やスポーツ、健康教育を学ぶ多くの利用者へ、国内外の文献の紹介と資料の提供をしている専門図書館。体育・スポーツに関する文献や資料はそれ自体が貴重な文化財であり、その収集と保管をはじめ、必要に応じて一般公開も行うほか、子どもたちの調べものやレポート作成に対してのサポートにも取り組む。

レファレンス・サービスの受付方法

兵庫県

20世紀初頭からのファッション情報が豊富

神戸ファッション美術館ライブラリー

こうべファッションびじゅつかんライブラリー

078-858-0050

開館時間	10:00～18:00(美術館の入館は～17:30)
休館日	月曜(祝日の場合は翌日)、年末年始
入館料金［条件・手続き］	無料
館外貸出［条件・制限］	不可(閲覧のみ。閉架図書の閲覧は身分証明書を提示)
書架の状態	一部開架(閉架中心)
住所	〒658-0032 兵庫県神戸市東灘区向洋町中2-9-1
アクセス	六甲ライナーアイランドセンター駅から徒歩3分

ファッションを「衣」「食」「住」「遊」の4つのカテゴリーで分類

神戸ファッション美術館併設のライブラリーで、ファッションを中心としたビジュアル資料を収集。蔵書構成は、書籍が約4万4000冊、雑誌約1000タイトルで、それぞれ約半数が洋書。雑誌は、『VOGUE』など主要ファッション誌のバックナンバーから最新号までがそろう。その他、ファッションショーの招待状や19～20世紀初頭のテキスタイル図案なども閲覧可能。

レファレンス・サービスの受付方法

食の文化ライブラリー

しょくのぶんかライブラリー

03-5488-7318

各エンドは図書館スタッフが選ぶテーマ別陳列コーナー

開館時間	10:00～17:00
休館日	日曜、祝日、図書整理期間、年末年始、その他臨時休あり
入館料金［条件・手続き］	無料
館外貸出［条件・制限］	可（図書の貸出・貴重書の閲覧には身分証明書を提示の上、要利用登録〈初回のみ〉、登録手数料は100円）
書架の状態	開架
住所	〒108-0074 東京都港区高輪3-13-65 味の素グループ高輪研修センター内
アクセス	地下鉄高輪台駅から徒歩5分

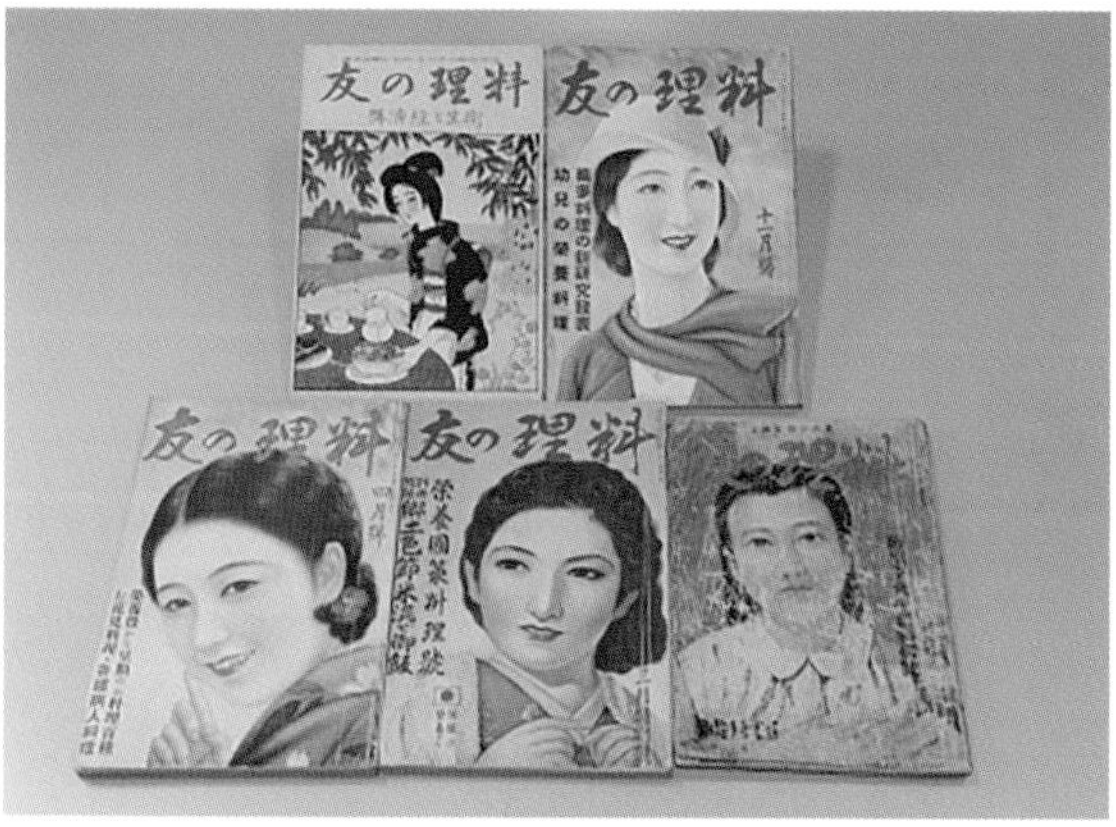

中流家庭の女性を対象として1913年に創刊された月刊誌『料理の友』の表紙

図書館2階「食文化展示室」の入り口付近。日本の食文化の一端を再現サンプルやパネル・映像で紹介

レファレンス・サービスの受付方法

食の文化ライブラリーは、味の素食の文化センターが運営する専門図書館で、1991年にオープンし、2004年に現在地に移転した。

食に関する約4万冊の所蔵資料の多くは、独自分類により開架されているので、検索資料とは別に、書棚の前で思いがけない書籍を見いだす楽しさもある。図書カードを作成すれば、多くの書籍を借りることができる。

所蔵資料には、財団が企画編集する食文化季刊誌『vesta』、食に関する映像資料、明治以降に出版された料理本や『料理の友』などの雑誌類もあり、館内閲覧が可能だ。

資料保護視点より、現物の閲覧が難しい江戸期の古典籍や錦絵の画像は、ウェブサイトで確認できるほか、図書館2階の「食文化展示室」では、それらの資料を参考にした再現料理や映像などで食文化の一端が学べる。

東京都 旅行の下調べから観光の研究・実務まで

旅の図書館

たびのとしょかん

03-5770-8380

観光の新しい情報を提供する1階ライブラリープラザ。カフェ風の落ち着いた雰囲気

開館時間	10:30〜17:00
休館日	土・日曜、祝日、第4水曜、年末年始、その他臨時休あり
入館料金［条件・手続き］	無料（地下1階メインライブラリー利用時は身分証明書を提示）
館外貸出［条件・制限］	不可（閲覧のみ）
書架の状態	開架
住所	〒107-0062 東京都港区南青山2-7-29
アクセス	地下鉄青山一丁目駅から徒歩3分

1913年創刊のジャパン・ツーリスト・ビューローの機関誌『ツーリスト』。館内PCで閲覧可能

旬のテーマに詳しいゲストスピーカーを招き、気軽な交流を楽しむ「たびとしょCafe」

レファレンス・サービスの受付方法

より文化的、専門的な旅行や観光に関する情報を提供するため、1978年に観光文化資料館として開設し、1999年に旅の図書館へ改称。「観光はそれ自体が文化であり、その観光文化を向上させたい」という開設当初の理念を継承しつつ、2016年の移転を機に「観光の研究や実務に役立つ図書館」をコンセプトとしてリニューアルした。

観光分野に特化した収蔵資料の特徴に対応するため、基礎文献（NDC分類）に加えて、観光の研究書、実務書などの観光研究資料（T分類）、観光統計やガイドブック、古書、観光関連産業社史などの財団コレクション資料（F分類）の3つの分類方法による蔵書は約6万冊。

2017年には国連世界観光機関（UNWTO）の寄託図書館に認定された。

⬇インタビュー記事 29ページ

他の専門図書館を参考に、独自の分類を採用

図書館の分類は基本的に日本十進分類法（NDC）に基づいていますが、NDCだと、当館の観光資料はほとんど「689」になってしまいます。利用者から資料が探しにくいという意見をいただいたり、私たち図書館員もどこに戻したらいいかわからなくなったりで、以前から独自分類の必要性を痛感していました。

そこで、松竹大谷図書館、味の素食の文化ライブラリー、アドミュージアム東京など、独自分類を実践している専門図書館の諸先輩方に教えを請いに行き、約1年をかけて分類をつくりました。

研究部門の資料室との統合作業も大変でした。図書館との重複図書もありました。またコンセプト変更にともなって紀行文とか文学系の資料を減らしました。除籍をしたものもありますが、3000冊くらいは、釧路市の阿寒湖温泉（北海道）や由布市（大分県）に寄贈しました。

研究活動の場と図書空間の融合を図る

私たちの図書館で、最も力を入れているのは、図書館を通して当財団の組織活動を「見える化」することです。研究部門の研究成果を紹介するギャラリーや、研究者や来訪者のミーティングにも対応した閲覧席を設置することによって、研究活動の場と図書空間の融合を図っています。

また、地下1階メインライブラリーの閲覧スペースは自由にレイアウト変更し、ミニ研究会から100人規模のシンポジウムまで各種イベントが開催できます。旬なテーマで話題提供いただくゲストスピーカーやゲストをお招きして開催している「たびとしょCafe」には、テーマによって幅広い立場の人が参加し、回を重ねるごとに図書館と参加者とのネットワークも広がりを見せています。

地域の魅力を伝える人材の育成が大切

近年、地域の公共図書館は、さまざまな地域の課題解決や地域住民にとっての第三の居場所（サードプレイス）としての役割が期待されています。とくに観光地や観光振興に取り組む地域にとって、図書館はどんな役割を果たせるでしょうか。

日本交通公社の機関誌「観光文化」243号では、「観光と図書館」というテーマで特集を組みました。

日本交通公社が2019年7月に実施した「観光と図書館に関するアンケート調査」（回答81自治体）では、図書館側が観光客の利用を想定していると回答したのは、14.8%にとどまり、想定していない図書館は64.2%にのぼっています。

本来、地域の公共図書館員は、人と地域をつなぐコンシェルジュともよべる存在だと思っています。地域の貴重な知的財産を次世代に継承しながら、その魅力を伝える気持ちとスキルをもった人材を育てていくことが大切だと思います。

私ども「旅の図書館」も、観光や地域文化、まちづくりに図書館がもっと活用されるために、“地域を想う”ライブラリアンシップの醸成に貢献できる事業を続けていきたいと考えています。（2020年6月19日取材）

➡旅の図書館 p.27

観光文化243号
「観光と図書館
―地域の観光に図書館はどう寄与できるか」

当館と連携して愛知県図書館で開催された「とっておきの旅」コーナー

INTERVIEW

旅行や観光に関する本を媒介に
さまざまな人や情報が交流できる場として

旅の図書館

副館長　**大隅《おおすみ》 一《かず》志《し》**さん

観光の研究や実務に役立つ図書館へ

当館は、1978年東京駅に隣接するビルの1階に「観光文化資料館」として開設して以来、3度の移転を行っています。2016年港区南青山に移転し、リニューアル開館した際は、これまでの旅行者が旅の下調べをするための図書館から「観光の研究や実務に役立つ図書館」にコンセプトを変更しました。

これは、インターネットの普及や来館者の減少という事情もありますが、当財団が創業100年を迎えた2012年、公益法人の認定を受けたことをきっかけに、10年後の2022年を目標とする長期経営計画「'22ビジョン」を全職員で策定し、「旅行・観光分野における実践的な学術研究機関」を目指すことになり、図書館も専門性の高い研究ライブラリーとしての機能を強化しようということになったのです。

そして、長年の間、別々の場所で運営されてきた研究本部と図書館を一体化した自社ビルを建設することになりました。

さまざまな人と情報が集まる「広場」を目指して

私は、1982年に当財団の研究員となって以来、全国各地の観光振興や観光交流施設の計画、エコツーリズムの研究、震災復興など各種プロジェクトに関わってきました。

今回の「旅の図書館」のリニューアルプロジェクトでは、図書館の準備段階から関わることになりました。

当時、本部の研究部門には非公開の資料室があり、研究のため長年収集した資料があったため、研究員は図書館がなくてもあまり困りませんでした。

そのため、このまま何も動かなかったら、移転後の図書館は「閉架式の資料室」になってしまうという危機感が強くなりました。

そこで、プロジェクトのスタッフたちと議論を重ね、「さまざまな人と情報が集まる観光研究交流広場」というコンセプトをつくりあげていきました。

国内外の観光研究の資料が収集され、公開される場所であるとともに、外部研究者との研究交流の場としても利用され、研究者にとって心地よい場所であることを目指すことにしました。

また、観光を学ぶ学生が一度は訪れたくなる場所となり、若手研究者が、この図書館をベースとして成長し、社会に求められる場所を目指すということもイメージしました。

財団の活動を見せていく場として

最初にも申し上げましたが、本部と図書館が一体化したビルをつくるということで、私たちは、ビルのレイアウトから考えていくことになりました。

いろいろと試行錯誤の末、図書館を一部に併設しているというよりは、当財団の活動を見せていく場として図書館を生かしたビルをつくろうということに組織的理解が得られました。例えば、図書館のカウンターは、当財団の総合受付も兼ねており、お客様は図書館に自然と足を踏み入れることになります。

また、利用者にとってどんな椅子が望ましいのか、カウンターの高さはどうすればよいかなど、図書館スタッフがショールームなどに足を運びながら、一つひとつ決めていきました。

プロ・アマ問わず多くの野球関連資料を収蔵

野球殿堂博物館図書室

やきゅうでんどうはくぶつかんとしょしつ

📞03-3811-3600

子どもたちで賑わう夏休みの図書室

開館時間	10:00～18:00（10月～翌2月は～17:00）
休館日	月曜（祝日の場合、東京ドーム野球開催日、春・夏休み期間中は開館）、年末年始
入館料金［条件・手続き］	無料（利用には博物館への入館料大人600円、小・中学生200円、高・大学生400円、65歳以上400円が必要。障害者割引あり）
館外貸出［条件・制限］	不可（閲覧のみ）
書架の状態	一部開架（閉架中心）
住所	〒112-0004 東京都文京区後楽1-3-61
アクセス	JR総武線水道橋駅から徒歩5分

日本各地の高校野球部史が並ぶ棚

図書室の様子

レファレンス・サービスの受付方法

日本野球界全体で運営している博物館として、1959年に開館。当初の名称は野球体育博物館で、2013年に公益法人へ移行する際に現在の名称となる。

館内の図書室は開館当時から公開されており、現在の蔵書数は、野球を中心とした図書や雑誌が約5万冊。『野球界』や『週刊ベースボール』など、明治・大正から令和に至るまでの野球雑誌を数多く所蔵している。また、高校、大学、社会人チームが出している野球部史など一般には手に入れることのできない資料、1950年から原紙で所蔵しているスポーツ新聞類、京都・桐生などの地方の野球史、大リーグの選手名鑑といった貴重なコレクションも豊富にそろう。

2019年には蔵書管理システムを導入し、野球の図書約6000冊をOPACで公開している（随時登録中）。

⬇インタビュー記事 32ページ

鉄道博物館ライブラリー

てつどうはくぶつかんライブラリー

048-651-0088

ライブラリー閲覧室。一部の鉄道雑誌は開架で自由に閲覧できる

開館時間	10:00～17:00（閲覧申請は～16:30、博物館は～18:00）
休館日	火曜、年末年始
入館料金［条件・手続き］	無料（利用には鉄道博物館への入館料1330円が必要）
館外貸出［条件・制限］	不可（閲覧のみ）
書架の状態	一部開架（閉架中心）
住所	〒330-0852 埼玉県さいたま市大宮区大成町3-47
アクセス	ニューシャトル鉄道博物館駅からすぐ

明治時代から現代まで、鉄道の歴史を代表する41両の鉄道車両を展示

特別コレクションの時刻表。1953年以降は毎月分を所蔵している

レファレンス・サービスの受付方法

ＪＲ東日本創立20周年記念事業のメインプロジェクトとして2007年に開館。

鉄道博物館（初代）や交通博物館時代から収集、保存されてきた約67万点の鉄道関連資料を所蔵。ライブラリーでは鉄道を中心とする交通関係図書、雑誌類約3万9000冊、文書資料などを公開しており、趣味に関する調べものから専門的な調査研究まで幅広く対応している。代表的なコレクションとして、鉄道古文書や鉄道院（省）文書などの公文書群（マイクロフィルムによる閲覧。要事前予約）、明治期から現在までの時刻表などがそろう。

北館にあるキッズライブラリーでは、鉄道に関する絵本や外国の鉄道図書が並んでいる。実際に使用されていた鉄道車両の座席や、靴を脱いでゆっくり絵本を読むことができるスペースもあるので、親子で一緒に楽しみたい。

INTERVIEW

野球司書の夏休み奮戦記

野球殿堂博物館図書室

事業部係長
主任司書　茅《ちの》根《ね》 拓さん

スタッフが一丸となって自由研究をサポート

子どもたちが自由研究のために来館する夏休みは野球殿堂博物館が一番にぎやかになる時期です。博物館では夏休みイベント「野球で自由研究!」を開催し、野球をテーマに自由研究をしたいという子どもたちを、展示や図書室の資料を用い、私たちスタッフが一丸となってサポートします。

図書室では、野球用具に関する専門的な本や雑誌を取りそろえています。実際の野球用具も、学芸員と協力して展示します。2019年は、明治・昭和・平成のグラブやバットを並べ、時代ごとの用具の違いがわかるように展示しました。

一人ひとりの子どもたちと話しながら

開館すると、すぐ図書室に子どもたちが来ます。少し様子を見て、タイミングの良いときに「自由研究?」と声をかけます。「野球してる?」「ポジションはどこ?」「好きなチームは?」など雑談をしてから、本題に移ります。“野球”を研究することは決まったけれど、具体的なテーマが決まらない子、テーマが決まって資料を探している子、資料は見つかったけれど、どうまとめたらよいかわからない子。そんな子どもたち一人ひとりと話をしながら、それぞれの子に合わせたサポートをします。一緒に実験方法を考えたり、館内の展示を見ながら話しをしたりすることもあります。

子どもたちに本物を感じてもらいたい

「野球で自由研究!」を重ねるなかで、子どもたちにとって一番の難関は“テーマを決めること”ではないかと気づき、私たちから子どもたちへ自由研究のテーマ案を発信し、何に関心があるのかを見つけてもらうための特別企画を考えました。

2019年に行ったイベントから、いくつか紹介します。

「ミニミニ実験コーナー」は、変化球・バット・グラブ・ボールの4つについてプレゼンします。このコーナーで人気があるのは変化球です。

そこで、ボールが曲がる仕組みをわかりやすく伝えたいと思い、中京大学でスポーツバイオメカニクスを教えている桜井伸二教授に「ボールはなぜ曲がる?」と題し講演をお願いしました。

また、野球をより深く知ってもらうために、「野球の記録をつけてみよう」を企画し、元プロ野球セ・リーグ記録部長の石井重夫氏を講師に迎えました。

「夏休み審判学校!」という企画は、試合に必要な審判員をもっと身近に感じてほしいと思い、プロ野球の審判員にオファーして実現しました。

特別企画で意識しているのは、子どもたちに“本物”を感じてもらうこと。“本物”に接することで、より一層野球を好きになり、興味を深めてもらいたいと願っています。

毎年子どもたちをサポートするうちに、自由研究の完成形や成果が知りたくなり、2016年から「野球で自由研究!コンテスト」を開催しています。子どもたちの力作を直接見られるので、毎回楽しみです。

私たちにとって、夏休みは思いもよらない質問が飛んでくるスリリングな毎日ですが、未来を担う子どもたちと一緒に野球を考える重要な時間です。

本稿は2019年までの取り組みを紹介しました。これからも子どもたちにより一層“野球”を好きになってもらうための企画を考えていこうと思います。

➡野球殿堂博物館図書室 p.30

2

ビジネス・産業

東京都

広告を通して新しい発見と出会える図書館

アドミュージアム東京ライブラリー

アドミュージアムとうきょうライブラリー

📞03-6218-2500

ライブラリー入り口。展示スペースとは内部の階段で行き来可能

開館時間	11:00〜18:00
休館日	月・日曜、年末年始、その他臨時休あり
入館料金［条件・手続き］	無料
館外貸出［条件・制限］	不可（閲覧のみ）
書架の状態	開架
住所	〒105-7090 東京都港区東新橋1-8-2 カレッタ汐留
アクセス	地下鉄汐留駅からすぐ

国内外から研究者が訪れる閲覧席では、iPadで蔵書・広告資料の検索ができる

年鑑と雑誌の利用頻度が高く、希少価値の高い本がある点が評価されている

レファレンス・サービスの受付方法

広告とマーケティングの専門図書館「吉《よし》田《だ》秀《ひで》雄《お》記念広告図書館」として、研究者に供することを目的に1966年に開設。2002年のアドミュージアム東京開設とともにミュージアム内に併設となり、一般に向けたミュージアムライブラリーとしてのサービスを開始。日本で唯一の広告コミュニケーションに関する専門図書館である。

蔵書は、一般の商業出版ルートでは入手が困難な灰色文献を含め、国内外の広告関連図書や雑誌、広告賞の作品集などを網羅的に収集しているのが特徴。また、特別コレクションとして吉田秀雄記念事業財団が行う研究助成事業の成果報告書をすべて所蔵している。

2017年の全面リニューアルを機に、これまで以上に開かれたライブラリーを目指し、専門書に捉われない選書にも取り組んでいる。

東京都　海事関連の蔵書数はアジア随一

海事図書館

かいじとしょかん

03-3263-9422

閲覧席は11席。年間約2000人が訪れる

開館時間	12:00〜17:00
休館日	土・日曜、祝日、年末年始
入館料金 [条件・手続き]	無料
館外貸出 [条件・制限]	可（一部資料は貸出不可）
書架の状態	開架
住所	〒102-0093 東京都千代田区平河町2-6-4 海運ビル　9階
アクセス	地下鉄永田町駅からすぐ

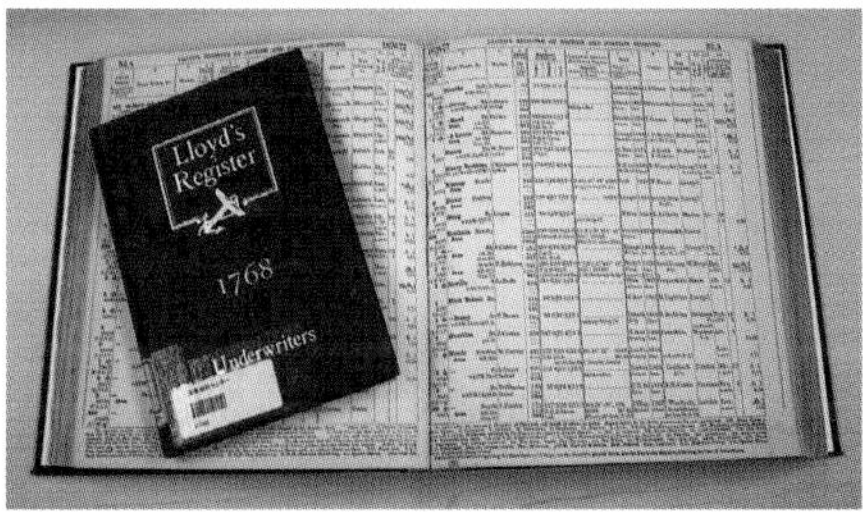

イギリスで発行されている船名録『ロイズレジスター』
1764年から現在までを所蔵（欠号あり）

書架はすべて電動書架。利用者は自由に資料を手に取ることができる

レファレンス・サービスの受付方法

海事に関する調査研究目的であれば、誰もが利用できる図書館。１９７４年に海事産業研究所海事資料センターとして開設し、２００７年より現在の名称となる。

海事に関する図書約4万冊と、雑誌約９００種以上の資料を収集・整備しており、海事専門図書館としては、その蔵書数においてアジア随一といわれている。日本および世界各国の海運や港湾、造船に関する図書資料を中心に、『日本海事新聞』や『海事レポート』などの海事関係主要逐次刊行物、航海・海難・海洋汚染の資料、海事関係の社史・団体史、海運に関係深い産業（石油、石炭、鉄鋼など）の図書も収集している。

ホームページからは、館内に保存されている主要雑誌の掲載記事を「記事見出し」「掲載雑誌名」「筆者」などのキーワードから検索することができる。

茨城県

地球と食料の未来のために

国際農林水産業研究センター図書館

こくさいのうりんすいさんぎょうけんきゅうセンターとしょかん

029-838-6341

- **開館時間** 9:00〜16:00
- **休館日** 土・日曜、祝日、年末年始
- **入館料金［条件・手続き］** 無料
- **館外貸出［条件・制限］** 不可（閲覧のみ）
- **書架の状態** 開架
- **住所** 〒305-8686　茨城県つくば市大わし1-1
- **アクセス** つくばエクスプレス万博記念公園駅からタクシーで10分

図書10万冊、雑誌5万2000タイトルを所蔵する館内

熱帯や亜熱帯などの開発途上地域における農林水産業に関する技術向上のための試験研究を行い、日本の農林水産分野での国際貢献と連携の中核的な役割を担う研究センター。世界の食料の未来のために、貧困削減、食料安全保障の確保、地球環境問題の解決を目指している。図書館では、海外情報の収集・分析・提供と広報に資するため、国内外の資料を収集している。

レファレンス・サービスの受付方法

茨城県

森林・林業・木材産業の情報が集まる図書館

森林総合研究所図書館

しんりんそうごうけんきゅうしょとしょかん

029-829-8146

- **開館時間** 9:00〜12:00、13:00〜16:30
- **休館日** 土・日曜、祝日、年末年始
- **入館料金［条件・手続き］** 無料（身分証明書を提示）
- **館外貸出［条件・制限］** 不可（閲覧のみ）
- **書架の状態** 一部開架（閉架中心）
- **住所** 〒305-8687　茨城県つくば市松の里1
- **アクセス** JR常磐線牛久駅から関東鉄道谷田部車庫方面行きバスで10分、森林総合研究所下車すぐ

新着和洋雑誌、参考図書、職員著書等を配架している閲覧室

森林、林業、木材産業に関する、世界的規模の研究情報の集積機関として、国際的に高く評価されている専門図書館。蔵書数は、単行書が日本語約9万冊、外国語約3万冊、雑誌が日本語約5000種、外国語約2000種。国内外の数多くの関係機関と文献交換をしており、日本における森林・林業・木材産業研究の情報提供機関として中核的な役割を果たしている。

レファレンス・サービスの受付方法

東京都

交通運輸関係の図書・雑誌がそろう専門図書室

COPY OPAC

運輸総合研究所図書室

うんゆそうごうけんきゅうしょとしょしつ

03-5470-8413

開館時間	10:00～12:00（入館は～11:30） 13:00～17:30（入館は～17:00）
休館日	土・日曜、祝日、月末の平日、3月末は約1週間臨時休あり、10月1日、年末年始
入館料金［条件・手続き］	無料（身分証明書を提示）
館外貸出［条件・制限］	研究所の賛助会員および国土交通省職員のみ貸出可。一部資料は貸出不可（非該当者は閲覧のみ）
書架の状態	開架
住所	〒105-0001 東京都港区虎ノ門3-18-19 UD神谷町ビル　2階
アクセス	地下鉄神谷町駅からすぐ

図書室内の様子

閲覧席

交通・運輸関係の国内の資料を中心に、図書約3万9000冊、雑誌約1万5000冊を収集。『国土交通白書』や『海自レポート』をはじめとした白書類、鉄道などの建設史、交通運輸関係団体の社史、著作集を多数蔵書。研究所の定期刊行物でもある『都市交通年報』や『数字でみる鉄道』なども閲覧できる。ホームページから所蔵資料を検索できるので、来館前に目的書籍の有無を確認することが可能。

レファレンス・サービスの受付方法

東京都

知的財産関係の図書・雑誌を収集

COPY OPAC

知財図書館

ちざいとしょかん

03-5281-5674

開館時間	10:00～12:00、13:00～17:30
休館日	土・日曜、祝日、年末年始
入館料金［条件・手続き］	無料
館外貸出［条件・制限］	不可（閲覧のみ）
書架の状態	開架
住所	〒101-0054 東京都千代田区神田錦町3-11 精興竹橋共同ビル　5階
アクセス	地下鉄神保町駅から徒歩3分

閲覧席は8。国外の専門書も収集している

知的財産分野の専門研究機関である知的財産研究所（現：一般財団法人 知的財産研究教育財団知的財産研究所）の附属図書館として1989年に設置。知的財産の研究・教育支援、制度の発展を目的とし、国内外の研究者や企業関係者、弁護士・弁理士、学生の利用に供している。蔵書数は図書約6000冊、雑誌50種余り。専門誌バックナンバーも、開架での利用ができる。

レファレンス・サービスの受付方法

建設産業図書館

けんせつさんぎょうとしょかん

☎03-3545-5129

457平方メートルの広々とした閲覧スペースには、建設関連の専門書が並ぶ

開館時間	9:30～16:30
休館日	土・日曜、祝日、特別整理期間、年末年始
入館料金［条件・手続き］	無料
館外貸出［条件・制限］	可（一部資料は貸出不可）
書架の状態	開架
住所	〒104-0045 東京都中央区築地5-5-12 浜離宮建設プラザ　1階
アクセス	JR新橋駅から徒歩10分 地下鉄汐留駅から徒歩5分

館内に設置された電動書架

館内の展示コーナーでは、図書館所蔵の資料を定期的に紹介

レファレンス・サービスの受付方法

東日本建設業保証株式会社の創立50周年記念事業の一環として2002年に開設。建設産業史を主分野に据えながらも、社史や団体史、建設統計、経営管理、法規、災害記録、建設を主題とした文学（小説、エッセイ、絵本なども含む）など、建設に関連する資料全般を広く収集対象とする専門図書館。

運営方針は公共図書館に準じており、建設業従事者だけではなく、広く一般に開かれている。入館記録票に氏名や所属などを記入すれば、誰でも閲覧や貸出サービスを無料で利用でき、さらに宅配便による貸出も行っているため、遠方からも資料を手にすることが可能。

約6万冊の蔵書については、資料検索の利便性向上を図るためデータベースに目次まで入力しており、OPACにてキーワード検索をすることができる。

証券制度や経済の調査・研究に強い図書館

証券図書館（東京）

しょうけんとしょかん（とうきょう）

📞03-6225-2674

東京・日本橋の日本証券経済研究所内にあり、書籍や雑誌の閲覧に研究者などが訪れる

明るく開放的な開架書庫で、書籍、雑誌の閲覧・複写ができる

開館時間	9:30～17:00
休館日	土・日曜、祝日、年末年始
入館料金［条件・手続き］	無料（身分証明書を提示）
館外貸出［条件・制限］	証券会社・証券関係団体・証券経済学会等所属者および大学等に所属する証券経済研究者のみ貸出可。一部資料は貸出不可（非該当者は閲覧のみ）
書架の状態	開架
住所	〒103-0027 東京都中央区日本橋2-11-2 太陽生命日本橋ビル 12階
アクセス	地下鉄日本橋駅から徒歩3分

日本証券経済研究所の出版物についてはすべて備えており、手に取って利用することが可能

レファレンス・サービスの受付方法

１９６６年、証券の調査・研究のための専門図書館として、財団法人日本証券経済研究所（当時）に附設。その後図書館の利用対象者を広く一般に開放し、２０１０年に公益財団法人に移行した。

和書、洋書を合わせて３万冊を超える蔵書は、調査・研究目的のための利用に重点を置き、証券を中心に経済、金融、経営などの専門書をそろえている。特に証券取引や取引制度に関連する統計データ・記録、証券会社の社史などについての資料が豊富。この他に、経済学者・評論家として大きな業績を残した故髙《たか》橋《はし》亀《かめ》吉《きち》氏の蔵書１万３５００冊も「髙橋亀吉文庫」として附置している（同文庫にある書籍の閲覧は事前予約が必要）。

参考文献調査などについての問合せが少なくないため、来館時はもちろん、メール・電話でのレファレンスも受け付けている。

東京都

土木工学・土木技術分野の進歩と発展に寄与

土木学会附属土木図書館

どぼくがっかいふぞくどぼくとしょかん

03-3355-3596

開館時間	9:30～17:00
休館日	土・日曜、祝日、第2水曜、年末年始
入館料金［条件・手続き］	400円（土木学会会員または日本建築学会会員は入館無料）
館外貸出［条件・制限］	不可（閲覧のみ）
書架の状態	一部開架（閉架中心）
住所	〒160-0004 東京都新宿区四谷1　外濠公園内
アクセス	JR中央線四ツ谷駅から徒歩3分

閲覧席の様子。窓際には電源がとれる個人用閲覧席も

土木工学分野における総合的な専門図書館。設置母体である土木学会100余年の歴史で積み重ねられてきた研究成果物、学会出版物や論文集をはじめ、学協会誌、工事誌、工事記録映像など、ほかの機関では収集していない資料を数多く所蔵。貴重図面や戦前期の土木関係図書、絵葉書や古写真など、3万点以上をデジタルアーカイブスで広く一般に公開している。

レファレンス・サービスの受付方法

東京都

多様化する標準化の変化に対応

日本規格協会ライブラリ

にほんきかくきょうかいライブラリ

03-4231-8500

開館時間	9:00～17:00（3月末・9月末の棚卸日は短縮）
休館日	土・日曜、祝日、夏期休館あり、年末年始
入館料金［条件・手続き］	無料
館外貸出［条件・制限］	不可（閲覧のみ）
書架の状態	一部開架（閉架中心）
住所	〒108-0073 東京都港区三田3-13-12 三田MTビル 1階
アクセス	地下鉄泉岳寺駅から徒歩5分

ずらりと並んだ規格。なかには入手困難な貴重な資料も

日本規格協会グループは、標準化の相談から規格の作成、組織および要員の認証を含む規格の活用支援に至るまで、標準化と品質管理に係るトータルソリューションを提供しており、その一環として開館したライブラリ。館内では、JIS、ISO、IECの最新版を自由に閲覧可能。また、BS（EN）規格をはじめとした各種海外規格の資料についても最新版を所蔵している。

レファレンス・サービスの受付方法

東京都

充実の社史・団体史コレクションを一般公開

日本経営史研究所経営史料センター

にほんけいえいしけんきゅうしょけいえいしりょうセンター

03-3262-1090

開館時間	10:00～11:45、12:45～17:00
休館日	土・日曜、祝日、7月1日、特別整理期間、年末年始
入館料金［条件・手続き］	無料（利用は原則として研究者および企業関係者のみ。学生は指導教員の紹介が必要。前日までに要予約）
館外貸出［条件・制限］	不可（閲覧のみ）
書架の状態	開架
住所	〒101-0061 東京都千代田区神田三崎町2-20-3 水道橋西口会館　9階
アクセス	JR総武線水道橋駅からすぐ

会社史約7400冊、団体史約1300冊を公開

1968年に発足した財団法人日本経営史研究所は、その事業の一環として経営史に関する資料を収集し、1985年に経営史料センターを開設。産業界や学界における会社史（社史）・団体史などの利用に供するため、その収集、管理、保存に努めている。会社史のコレクションをはじめとした、センター所蔵の文献・資料を求めて、研究者や企業関係者が足を運ぶ。

レファレンス・サービスの受付方法

東京都

数多くの建築関連文献を所蔵する専門図書館

日本建築学会図書館

にほんけんちくがっかいとしょかん

03-3456-2019

開館時間	9:30～17:00
休館日	土・日曜、祝日、4月9日、年末年始
入館料金［条件・手続き］	300円（日本建築学会会員・土木学会会員の紹介状が必要。会員は入館無料）
館外貸出［条件・制限］	不可（閲覧のみ）
書架の状態	開架中心（一部閉架）
住所	〒108-8414　東京都港区芝5-26-20
アクセス	JR山手線田町駅から徒歩3分

貴重な文献や多くの資料を所蔵

「我が国の建築学の歴史と創造にかかわる図書・記録やその他の資料・情報を収集・整理・保存して、主に会員の利用に供する拠点施設」を基本理念に掲げる図書館。蔵書は、日本建築学会の逐次刊行物をはじめ、建築に関連した図書が約5万2000冊（和4万6000、洋6000）、雑誌・研究報告が約1200種（和1000、洋200）、新聞10紙。そのほか、視聴覚資料などもそろう。

レファレンス・サービスの受付方法

東京都

損害保険について深く理解できる専門図書館

損保総研附属図書館

そんぽそうけんふぞくとしょかん

03-3255-5513

損害保険・リスクマネジメントに関する和洋雑誌や損保会社の情報誌などを自由に閲覧できる

開館時間	9:30～12:00、13:00～17:00
休館日	土・日曜、祝日、 第3月曜（祝日の場合は第4月曜）、 年末年始、その他臨時休あり
入館料金 ［条件・手続き］	無料（身分証明書を提示）
館外貸出 ［条件・制限］	可（一部資料は貸出不可）
書架の状態	開架
住所	〒101-8335 東京都千代田区神田淡路町2-9 損保会館 2階
アクセス	JR中央線御茶ノ水駅から徒歩5分

新着図書、「定型約款」について書かれた図書、震災・原発・水災・防災関連図書を集めて展示

和書約1万6500冊、洋書約4300冊が収まる開架式電動書架

レファレンス・サービスの受付方法

損害保険に関する専門図書館であり、損害保険の統計・業界紙、損保会社のディスクロージャー誌（情報開示誌）・社史、損保会社の発行するリスクマネジメントなどの雑誌、損害保険に関する講座のテキストなど、一般の書店では入手しにくい特殊な資料も所蔵している。

損害保険そのもののみならず、例えば、防災、災害復興、ＥＲＭ（統合リスク管理）、フィンテック（金融「Finance」と技術「Technology」を組み合わせた造語）、ＡＩ、自動運転など、損害保険業・損害保険契約に関連する諸問題に関する書籍もそろう。

民法に約款を用いた取引に関するルールが新たに定められたことから、民法（債権関係）改正に関する書籍や、過去に約款について論じられた資料を集めるなど、損保に関心を持つ利用者のニーズに応える企画展示も行っている。

BICライブラリ

ビックライブラリ

03-3434-8255

オープンスペースでは、広いテーブルを囲んでの打ち合わせができる

開館時間	10:00～17:00
休館日	土・日曜、祝日、毎月最終金曜、8月24日、年末年始、その他臨時休あり
入館料金［条件・手続き］	無料（学生は紹介状が必要）
館外貸出［条件・制限］	会員のみ貸出可。一部資料は貸出不可（非会員は閲覧のみ）
書架の状態	一部開架（閉架中心）
住所	〒105-0011 東京都港区芝公園3-5-8
アクセス	地下鉄神谷町駅から徒歩8分

トレンドな話題をテーマとしたミニ展示を1～2カ月ごとに開催

電源も使用できる個人ブース。来館時の申し込みで4時間利用可

レファレンス・サービスの受付方法

1964年、財団法人機械振興協会経済研究所の資料部として創立。1967年に機械工業図書館となり、機械産業を中心としたビジネス情報を収集、提供している。2011年の大規模改装の際、BICライブラリへと名称変更した。

機械産業に関する統計、企業情報、市場動向や業界情報等のレポート、団体報告書、雑誌等を所蔵しており、機械産業関連の社史は1500冊以上をそろえる。有価証券報告書はオンラインデータベースで、1960年代から閲覧可能である。電子ライブラリでは機械振興協会経済研究所の報告書やJKA補助事業レポート等を館外から読むこともできる（会員限定であるが、非会員は同データを館内にて閲覧可能）。

館内は会話禁止ではないので、オープンスペースは軽いミーティングなどに利用できる。読書や調べものに集中したい人は電源のある個人ブースで。

⬇レファレンス事例 80ページ

東京都

国内外の租税・税務に関連する資料を所蔵

COPY OPAC

日本税務研究センター図書室

にほんぜいむけんきゅうセンターとしょしつ

03-5435-0915

開館時間	10:00～16:45
休館日	土・日曜、祝日、月末の平日、年末年始
入館料金［条件・手続き］	無料
館外貸出［条件・制限］	日本税務研究センターの賛助会員のみ貸出可。一部資料は貸出不可（非該当者は閲覧のみ）
書架の状態	開架
住所	〒141-0032 東京都品川区大崎1-11-8 日本税理士会館 2階
アクセス	JR山手線大崎駅から徒歩5分

閲覧席は24席。コピー機や蔵書検索用PCを設置

租税制度、税務行政、税理士制度および企業会計などに関する学術的調査研究に資するため、広く一般に開放している専門図書室。図書約2万1000冊所蔵。租税関連資料は独自の分類法に基づき配架。税務訴訟資料、訟務月報の判例集や、法規集・通達集、改正税法のすべて、全国路線価、租税法学会年報、税法学会論文集などの希少な資料は古いものから備えている。

レファレンス・サービスの受付方法

東京都

「定価の定められていない資料」がそろう

COPY OPAC

法政大学イノベーション・マネジメント研究センター

ほうせいだいがくイノベーション・マネジメントけんきゅうセンター

03-3264-9420

開館時間	9:00～17:00（夏期休暇期間中は9:00～11:30、12:30～17:00）
休館日	土・日曜、祝日、大学休暇期間、大学行事等による臨時休あり
入館料金［条件・手続き］	無料（身分証明書を提示）
館外貸出［条件・制限］	大学関係者のみ貸出可。一部資料は貸出不可（非該当者は閲覧のみ）
書架の状態	一部開架（閉架中心）
住所	〒102-8160 東京都千代田区富士見2-17-1
アクセス	JR中央線市ヶ谷駅から徒歩10分

産業・経営研究の向上に資するよう、広く学外の研究者にもサービスを提供している

企業や学術研究機関などの発行する「定価の定められていない資料」の収集を目的として設立された法政大学産業情報センターが前身。今日まで、イノベーションをキーワードに産学官の連携を図り、産業、経営に関する幅広い学術交流・研究活動を行い、デポジット・ライブラリー（保存図書館）として文献の収集を続けている。2010年には業界・学術団体の協力を得て、流通や消費財産業に特化した流通産業ライブラリーを開館。

レファレンス・サービスの受付方法

神奈川県

暮らしの必需品「塩」の歴史を知ろう

COPY OPAC

塩事業センター塩業資料室

しおじぎょうセンターえんぎょうしりょうしつ

0465-47-3161

開館時間	10:00〜12:00、13:00〜17:00
休館日	土・日曜、祝日、7月最初の平日、年末年始
入館料金 [条件・手続き]	無料(要予約)
館外貸出 [条件・制限]	不可(閲覧のみ)
書架の状態	原則閉架
住所	〒256-0816 神奈川県小田原市酒匂4-13-20 海水総合研究所内
アクセス	JR東海道新幹線小田原駅から箱根登山バス 国府津駅行きで15分、酒匂小学校下車すぐ

所蔵資料の一部。日本の塩業に関する各種資料を収蔵

日本の塩の歴史に関する全集を発行するため、旧日本専売公社が設置した「塩業大系編さん室」により収集された資料を引き継いだ資料室。研究者には塩・塩業の専門的情報を提供し、一般利用者には塩についての知識を深めることのできる資料や図書を公開。歴史的資料(製塩、流通、専売制など)、製塩技術資料などの専門資料に加え、塩業に関係のある一般図書も収集。

レファレンス・サービスの受付方法

愛知県

親子で学べるクルマ文化

COPY OPAC

トヨタ博物館図書室

トヨタはくぶつかんとしょしつ

0561-63-5151

開館時間	9:30〜17:00
休館日	月曜(祝日の場合は翌日)、年末年始
入館料金 [条件・手続き]	無料
館外貸出 [条件・制限]	不可(閲覧のみ)
書架の状態	開架
住所	〒480-1118　愛知県長久手市横道41-100
アクセス	リニモ芸大通駅から徒歩5分

図書室入り口。親子で気軽に入室できる

トヨタ博物館内に常設の、自動車図書に特化した図書室。主なコレクションは自動車カタログと自動車雑誌で、カタログは約12万点、雑誌は900タイトル約6万点を所蔵。希少性の高いものは「貴重資料室(非公開)」へと保管し、クルマ文化を後世に残すことを使命としている。小さな子ども向けに、乗り物絵本約300冊を配架した「のりもの・えほん・としょしつ」を併設。

レファレンス・サービスの受付方法

神奈川県

ものづくりに役立つ資料が見つかる図書館

ものづくり情報ライブラリー 神奈川県立川崎図書館

ものづくりじょうほうライブラリーかながわけんりつかわさきとしょかん

044-299-7825

社史コーナーの様子。社史はまとめて配架してある

開館時間	9:30～19:30（土曜、祝日・休日は～17:30）
休館日	日曜、第2木曜、資料整理期間、年末年始
入館料金［条件・手続き］	無料
館外貸出［条件・制限］	神奈川県内在住・在勤・在学かつ利用登録者のみ貸出可。一部資料は貸出不可（非該当者は閲覧のみ）
書架の状態	開架
住所	〒213-0012 神奈川県川崎市高津区坂戸3-2-1 KSP西棟 2階
アクセス	JR南武線武蔵溝ノ口駅から徒歩15分 東急田園都市線・大井町線溝の口駅から徒歩15分

電子ジャーナル・データベースを閲覧できる端末は複数台あり

人気の高い窓際の閲覧席（24席）には、コンセントも設置されている

レファレンス・サービスの受付方法

神奈川県で2番目の県立図書館として1959年に開館。当時より技術開発を支援する機能を持っており、1998年に「科学と産業の情報ライブラリー」としてリニューアルオープン。2018年に現在の場所へと移転・再開館した。「ものづくり情報ライブラリー」としてものづくり技術を支える専門的図書館。

蔵書は工学、産業技術、自然科学分野の専門書約24万冊、国内有数の社史コレクション約2万冊に加えて、特許関連資料、JIS（日本産業規格）・ASTM（製品仕様や試験方法に関する世界的な規格）などの規格、学会誌・講演論文集・会社技報等の専門誌約8000誌（うち継続約1400誌）で構成されている。また、電子ジャーナル（学術雑誌が電子化されたもの）や、各種オンラインデータベースを利用することも可能。

（蔵書数は2020年3月末現在の情報）

愛知県 トヨタグループの歴史が詰まった図書室

トヨタ産業技術記念館図書室

トヨタさんぎょうぎじゅつきねんかんとしょしつ

052-551-6154

図書室は、常設展・企画展会場と同じ建物内の2階に付設

開館時間	9:30〜17:00
休館日	月曜（祝日の場合は翌日）、年末年始
入館料金［条件・手続き］	無料
館外貸出［条件・制限］	不可（閲覧のみ）
書架の状態	開架
住所	〒451-0051 愛知県名古屋市西区則武新町4-1-35
アクセス	名鉄名古屋本線栄生駅から徒歩3分

豊田佐吉・豊田喜一郎コーナーなど、トヨタグループ関連の蔵書が多い

企画展と連動させた特集コーナーを設置するなど、来館者の興味に応える工夫をしている

レファレンス・サービスの受付方法

飽くなき「研究と創造の精神」と、「モノづくり」の大切さを広く社会に伝えることを基本理念として、次代を担う人たちへ、日本の産業技術史について系統的に紹介するために設立されたトヨタ産業技術記念館。

館内には、大正時代の紡織工場のような繊維機械館、トヨタの自動車づくりをさまざまな角度から紹介している自動車館など見どころが多い。図書室には、自動車、繊維をはじめとした科学、技術、産業、モノづくりに関する資料（書籍、雑誌、ＡＶ資料）が充実し、グループ各社の社史など、トヨタグループ関連の蔵書も多くそろう。また、発明家の伝記や自由研究の参考になる書籍をそろえた児童書コーナーも併設。

テーマ展示や子ども向けの体験教室などの企画も積極的に開催している。

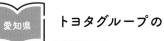

京都府

松下幸之助のものの見方・考え方を学ぶ

松下資料館

まつしたしりょうかん

075-661-6640

開館時間	9:30〜17:00
休館日	第2〜5土曜、日曜、祝日、その他松下資料館の休館に準じた臨時休あり
入館料金 [条件・手続き]	無料(要予約)
館外貸出 [条件・制限]	不可(閲覧のみ)
書架の状態	開架
住所	〒601-8411 京都府京都市南区西九条北ノ内町11
アクセス	JR京都駅から徒歩5分

経営者執筆本が約2600冊と数多くそろう

松下幸之助生誕100年を記念して開設された公益財団法人松下社会科学振興財団では、松下資料館の管理と運営を行い、経営に関する理念や実践事例、それらの基礎をなす社会科学各分野の諸資料の収集、調査研究およびその展示公開を行っている。資料館内の経営図書館では、経済・経営に関する図書を中心に約2万1000冊を所蔵。会社社史などの非売品も自由に閲覧可能。

レファレンス・サービスの受付方法

大阪府

証券・経済・金融関連の豊富な資料が閲覧可

証券図書館(大阪)

しょうけんとしょかん(おおさか)

06-6201-0062

開館時間	9:30〜17:00
休館日	土・日曜、祝日、年末年始
入館料金 [条件・手続き]	無料
館外貸出 [条件・制限]	証券会社、証券諸団体、証券経済学会の会員、申出のあった金融機関および上場会社ならびに証券経済について研究を行う大学教員、大学生、弁護士、公認会計士などに貸出可。一部資料は貸出不可(非該当者は閲覧のみ)
書架の状態	開架
住所	〒541-0041 大阪府大阪市中央区北浜1-5-5 大阪平和ビル 7階
アクセス	地下鉄北浜駅からすぐ

図書館内の様子

公益財団法人日本証券経済研究所・大阪研究所に附設した、証券の調査・研究のための専門図書館。所蔵資料は証券を中心に経済、金融、経営などの専門書約5万冊。特徴として、証券取引、取引制度に関連する統計データや記録、証券会社の社史などが重点的に集められており、それらの資料は証券市場に関心があれば誰でも利用することができる。来館前に公式ホームページから蔵書を検索し、希望資料の有無を調べることも可能。

レファレンス・サービスの受付方法

3

科学技術・医療・健康

保健・医療に関する資料や情報を提供

※複写は応相談

COPY OPAC

国立保健医療科学院図書館

こくりつほけんいりょうかがくいんとしょかん

048-458-6209

昭和26年度以降の厚生労働科学研究報告書を保存

開館時間	9:00～18:00
休館日	土・日曜、祝日、月末の館内整理期間、年末年始
入館料金［条件・手続き］	無料（身分証明書を提示、要事前連絡）
館外貸出［条件・制限］	不可（閲覧のみ）
書架の状態	開架
住所	〒351-0197　埼玉県和光市南2-3-6
アクセス	東武東上線和光市駅から東武バス司法研修所循環で7分、税務大学校下車、徒歩3分

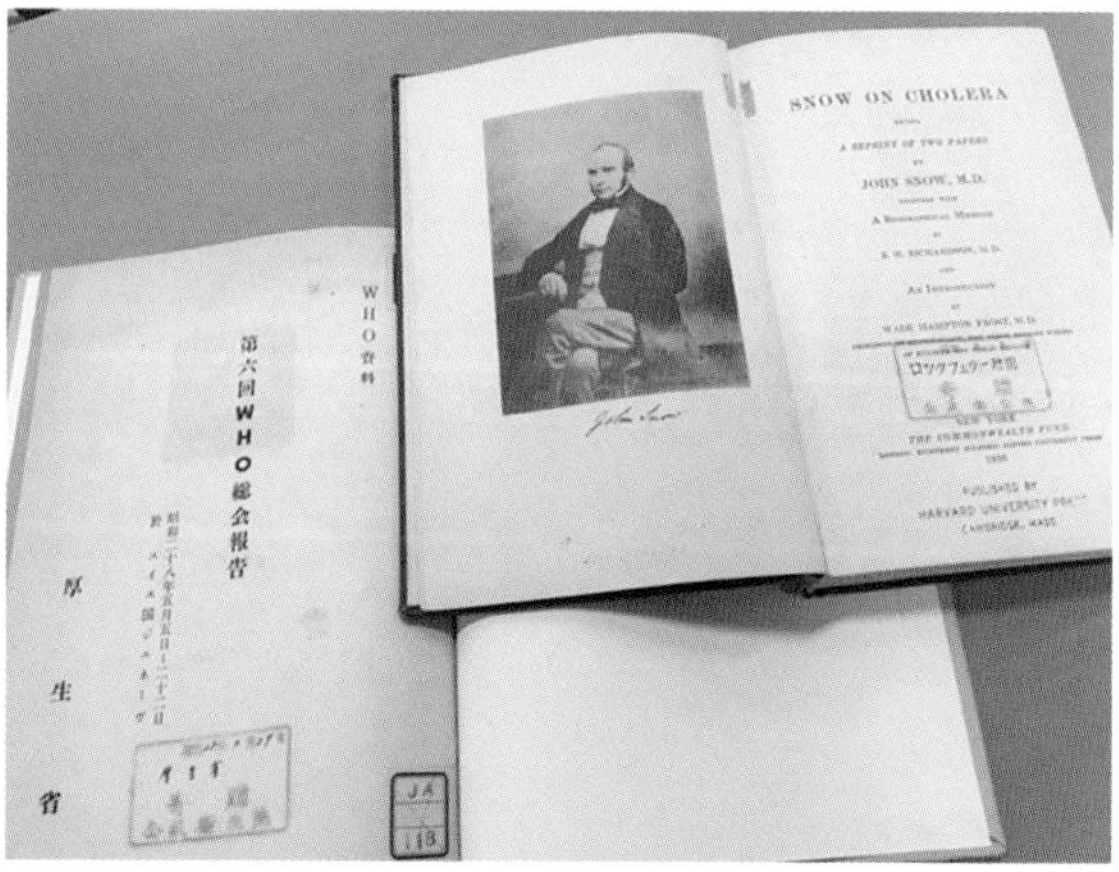

左：『第六回WHO総会報告』（日本は1951年5月に加盟。その翌々年の総会報告）
右：『Snow on cholera』（1936年に刊行された、「疫学の父」ジョン・スノーの本）

国立保健医療科学院図書館入り口より閲覧室を臨む

レファレンス・サービスの受付方法

国立保健医療科学院は、国立公衆衛生院、国立医療・病院管理研究所および国立感染症研究所・口腔科学部の一部を統合し、保健、医療、福祉に関係する職員などの教育訓練や、それらに関連する調査・研究を行う機関として2002年に設置された。

図書館は、1938年に創立された国立公衆衛生院からの蔵書を引き継ぎ、保健医療分野（公衆衛生、病院管理、口腔保健、〈医療にかかわる〉社会福祉、生活環境、厚生労働科学研究報告書、WHO資料など）を中心に約12万冊の資料を所蔵している。WHOレファレンスライブラリーにも指定され、事前に連絡をすれば誰でも閲覧することが可能。

公式ホームページでは、「厚生労働科学研究成果データベース」『公衆衛生分野の古典資料』および『保健医療科学』などの資料を公開している。

東京都　信頼性のある医療・健康情報を発信

からだのとしょしつ

03-3762-4151

BGMが流れる室内は、調べもの以外にも、診察や検査までの時間を静かに過ごせる癒しのスペース

開館時間	9:30～16:30（土曜は～14:00、第2火曜は～14:30）
休館日	日曜、祝日、第3土曜、6月10日、年末年始
入館料金［条件・手続き］	無料
館外貸出［条件・制限］	入院患者・家族のみ貸出可（非該当者は閲覧のみ）
書架の状態	開架
住所	〒143-8541 東京都大田区大森西6-11-1
アクセス	京浜急行梅屋敷駅から徒歩7分

インターネット検索のできるパソコンは、利用者が自由に使うことができる

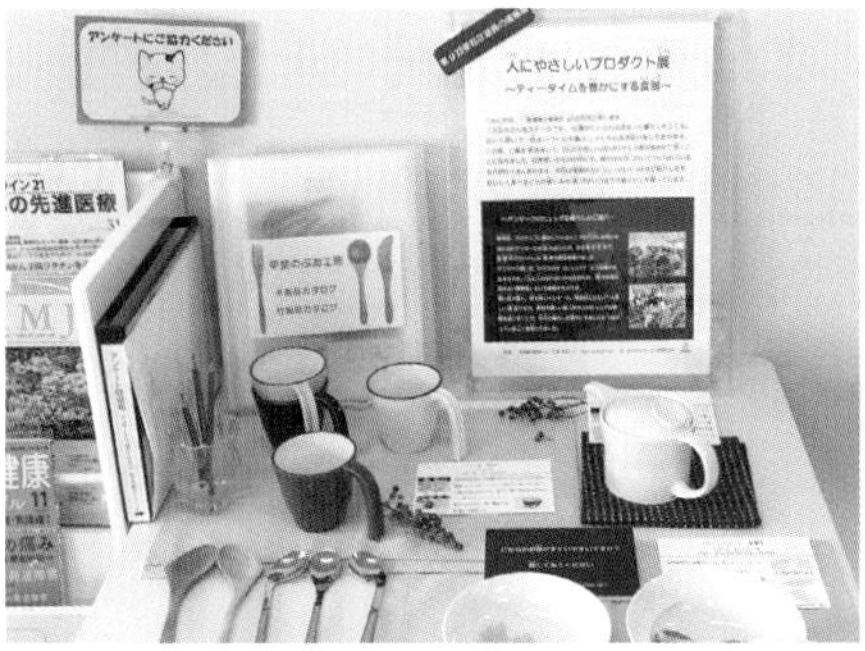

年数回開催している「便利な道具の情報展」では、日常生活で使える便利なグッズを紹介

レファレンス・サービスの受付方法

インフォームド・コンセントを推進するため、患者とその家族、医療従事者や一般の利用者に対し、質の高い医学情報を供することを目的として2005年に開設。東邦大学医療センターと東邦大学医学メディアセンターの連携により運営される患者図書館で、情報を必要としている人であれば誰でも利用できる。

医学生向けの医学専門書だけではなく、病気のことや治療法・薬などに関する情報がわかりやすく書かれている一般向けの医学書を所蔵し、近年は患者のQOL（Quality of Life：生活の質）に役立つ資料も収集している。書籍や雑誌はすべて病院スタッフが内容を確認しているため、信頼性のある情報が提供される。

また、病気について最新の情報が書かれたパンフレット類を多数そろえて配布し、年に数回、「便利な道具の情報展」などの企画展示も開催している。

北海道

寒冷地土木技術に関する専門図書を多数所蔵

寒地土木技術情報センター

かんちどぼくぎじゅつじょうほうセンター

📞011-841-1636

☑ 開館時間	8:30〜12:00、13:00〜17:00
☑ 休館日	土・日曜、祝日、年末年始、その他臨時休あり
☑ 入館料金［条件・手続き］	無料
☑ 館外貸出［条件・制限］	可（身分証明書を提示。一部資料は貸出不可）
☑ 書架の状態	一部開架（閉架中心）
☑ 住所	〒062-8602 北海道札幌市豊平区平岸一条3-1-34
☑ アクセス	地下鉄中の島駅から徒歩3分

新着雑誌に囲まれた閲覧室には大きなテーブルがある

積雪寒冷地における土木技術に関する種々の資料を所蔵するライブラリー。国内唯一の寒地土木技術に関する研究所にある図書館で、約12万点の専門書・雑誌を保有している。
閲覧室と第1書庫を一般利用者にも開放しており、専門図書や雑誌バックナンバーの閲覧・貸出を行っている（閲覧可能な専門図書や雑誌はホームページから検索可）。

レファレンス・サービスの受付方法

山形県

深く学べる健康情報ステーション

からだ館

からだかん

📞0235-29-0806

☑ 開館時間	8:45〜18:00（土曜は〜15:00、第1・3日曜は13:00〜）
☑ 休館日	第2・4・5日曜、祝日、年末年始
☑ 入館料金［条件・手続き］	無料
☑ 館外貸出［条件・制限］	庄内地域在住者のみ貸出可。一部資料は貸出不可（要貸出カード登録、登録料は300円）
☑ 書架の状態	一部開架（閉架中心）
☑ 住所	〒997-0035 山形県鶴岡市馬場町14-1 鶴岡タウンキャンパス　致道ライブラリー内
☑ アクセス	JR羽越本線鶴岡駅からタクシーで7分

体の部位別に並べられており、目的資料が探しやすい

慶應義塾大学の地域貢献プロジェクトとして、2007年に公共図書館「致道ライブラリー」の一角に、がんを中心とする医療情報の提供コーナーを設置したのが「からだ館」の始まり。科学的根拠に基づく、がんや生活習慣病の診断、治療、予防に関する資料に加えて、患者の闘病や生き方を綴った書籍など、病気になっても健やかに生きるための情報を幅広く取りそろえている。

➡インタビュー記事 63ページ

レファレンス・サービスの受付方法

東京都

一般利用も可能。宇宙航空分野の専門図書館

JAXA本社図書館

ジャクサほんしゃとしょかん

0422-40-3938

開館時間	9:30～17:45（諸般の事情により変更の場合あり）
休館日	土・日曜、祝日、年末年始 （諸般の事情により変更の場合あり）
入館料金［条件・手続き］	無料
館外貸出［条件・制限］	不可（閲覧のみ）
書架の状態	開架
住所	〒182-8522 東京都調布市深大寺東町7-44-1
アクセス	JR中央線吉祥寺駅から小田急バスまたは京王バス調布駅北口行きで15分、航研前下車すぐ

館内には閲覧席もあり、複写（有料）も可能　©JAXA

調布航空宇宙センター内にある専門図書館で、航空宇宙分野を中心とした資料や専門書を収集。NASA（アメリカ航空宇宙局）、AIAA（米国航空宇宙協会）などのテクニカルレポート約14万冊や、関連学術雑誌約1630種、図書・国際会議録・規格書約2万8000冊を所蔵している。蔵書検索では、筑波図書室、宇宙科学研究所図書室、角田図書室の情報も調べることができる。

レファレンス・サービスの受付方法

東京都

海洋学や食品分野を深く学べる専門図書館

東京海洋大学附属図書館

とうきょうかいようだいがくふぞくとしょかん

03-5463-0444

開館時間	8:45～20:00（土曜は9:45～17:00、大学休暇期間中は8:45～17:00）
休館日	日曜、祝日（大学休暇期間は土・日曜、祝日、毎月末日）、8月中旬は2日間臨時休あり、年末年始
入館料金［条件・手続き］	無料
館外貸出［条件・制限］	可（身分証明書を提示。一部資料は貸出不可）
書架の状態	開架
住所	〒108-8477　東京都港区港南4-5-7
アクセス	JR山手線品川駅から徒歩10分

閲覧室の書架。自由に手に取って見ることができる

東京海洋大学品川キャンパスにある図書館では、海洋学、魚類、海洋生物、食品科学、食品工学、水産学、漁業学を中心に関係資料を所蔵。蔵書は図書が約27万冊、雑誌約8500タイトル。特色ある資料として、近世漁業経済史の羽《は》原《ばら》又《ゆう》吉《きち》氏らの個人文庫、近代海洋学の礎となったチャレンジャー号探検航海の報告書、軟体動物学古典コレクションなどがある。

レファレンス・サービスの受付方法

国立極地研究所情報図書室

こくりつきょくちけんきゅうしょじょうほうとしょしつ

042-512-0649

内部が見通せるガラス張りの入り口

新着雑誌架と閲覧室

開館時間	9:30〜17:00
休館日	土・日曜、祝日、年末年始
入館料金［条件・手続き］	無料
館外貸出［条件・制限］	不可（閲覧のみ）
書架の状態	開架
住所	〒190-8518 東京都立川市緑町10-3
アクセス	多摩都市モノレール高松駅から徒歩10分

国立極地研究所発行の製本された『南極資料』
主に南極観測に関わる研究成果を収録

レファレンス・サービスの受付方法

国立極地研究所が国立科学博物館から独立して発足した1973年の翌年に開室。白瀬《しらせ》矗《のぶ》中尉が率いた南極探検隊による記録『南極記』をはじめとした極地探検家の記録、研究レポートなど、貴重な一次資料を収集する極域研究の専門図書館である。

所蔵している資料は、日本語図書約1万400冊、外国語図書約1万7800冊、日本語雑誌約970誌、外国語雑誌約2980誌。極域地図や視聴覚資料もそろう。各国極地研究所との資料交換によって集められた資料も多く、「永田文庫」「楠文庫」「木村文庫」「松尾文庫」「立見文庫」「吉沢文庫」「北村文庫」「村山文庫」「谷口文庫」など個人から寄贈された、極地・極地探検・登山関連資料も所蔵している。

公式ホームページから蔵書や新着図書の情報を調べることもできる。

⬇インタビュー記事 64ページ

東京都

日本の天文学の中核を担う

国立天文台図書室

こくりつてんもんだいとしょしつ

0422-34-3953

天文学・宇宙科学に関する専門書・一般書が集められた1階閲覧室

静かな環境で、最新の学術雑誌・専門雑誌がゆっくり閲覧できる

開館時間	9:00～12:00、13:00～17:00
休館日	土・日曜、祝日、年末年始
入館料金［条件・手続き］	無料
館外貸出［条件・制限］	不可（閲覧のみ）
書架の状態	一部開架（閉架中心）
住所	〒181-8588 東京都三鷹市大沢2-21-1
アクセス	JR中央線武蔵境駅から小田急バス狛江駅北口行きで15分、天文台前下車すぐ

明治期の資料『天文奇現象錦絵集』より、1882年9月27日の大彗星が描かれた錦絵新聞

レファレンス・サービスの受付方法

国立天文台の前身、東京天文台発足は1888年。長い歴史を持つ図書室だが、図書室のある建物は築20年ほどである。

日本における天文学関係の拠点図書室として、天文学や宇宙科学、周辺分野の図書、雑誌、視聴覚資料などを収集し、6万冊以上を所蔵。多くの専門書をそろえる一方で一般向けの図書もあり、その年代も江戸時代の幕府天文方に由来する古文書から最新の学術論文までと幅広い。南棟1階の閲覧室では、静かな室内でゆっくり資料が読める。

主な利用者は国立天文台の構成員、共同研究者、学生だが、平日は昼休みを除き一般にも開放されている。和漢書、暦本などの古文書の一部は敷地内の天文台歴史館で複製を展示しているほか、デジタル画像をウェブサイトから閲覧できる。また毎年秋の特別公開「三鷹・星と宇宙の日」には、天文台内で貴重書の実物展示も行っている。

東京都

船や物流・交通分野に関する資料がそろう

東京海洋大学附属図書館越中島分館

とうきょうかいようだいがくふぞくとしょかんえっちゅうじまぶんかん

03-5245-7362

開館時間	8:45～20:00(土曜は9:45～17:00、大学休暇期間中は8:45～17:00)
休館日	日曜、祝日(大学休暇期間は土・日曜、祝日、毎月末日)、8月中旬は2日間臨時休あり、年末年始
入館料金［条件・手続き］	無料
館外貸出［条件・制限］	可(身分証明書を提示。一部資料は貸出不可)
書架の状態	開架
住所	〒135-8533　東京都江東区越中島2-1-6
アクセス	JR京葉線越中島駅からすぐ

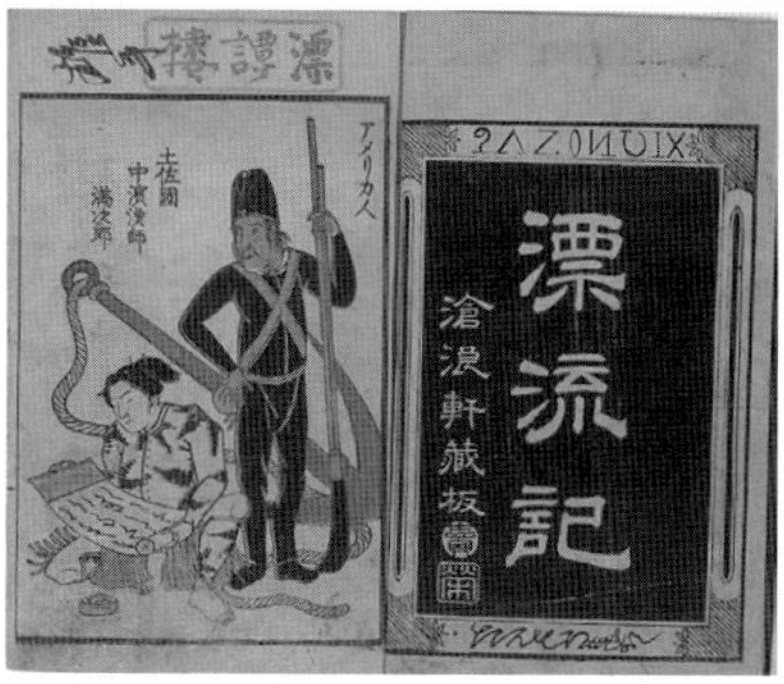

和本はデジタル化も。『大日本土佐國漁師漂流記』(江戸末期)

東京海洋大学越中島キャンパスにある図書館では、海運・船舶等、海事関係、物流関係の資料を多く所蔵している。蔵書は図書が約23万冊、雑誌約4200タイトル。特色ある資料として、石井《いしい》研堂《けんどう》コレクションを中心とする江戸期の漂流・漂着資料、17世紀以降の航海技術史や航海記を収録するキャラバン・マリタイムブックス・コレクションなどがある。

レファレンス・サービスの受付方法

東京都

理工学系分野の外国雑誌コレクションが充実

東京工業大学附属図書館

とうきょうこうぎょうだいがくふぞくとしょかん

03-5734-2097

開館時間	8:45～21:00(土・日曜、祝日は11:00～17:00、大学休暇期間中は8:45～17:00、土曜は11:00～17:00)
休館日	大学休暇期間と3月は日曜、祝日、年末年始、その他臨時休あり
入館料金［条件・手続き］	無料(利用は調査・研究者本人のみ。身分証明書を提示。蔵書検索で希望資料の有無や利用可否を要事前確認)
館外貸出［条件・制限］	東京都または神奈川県内在住・在勤の研究者・一般社会人かつ調査研究のために継続的な利用を必要としている者のみ貸出可(非該当者は閲覧のみ)
書架の状態	開架(一部閉架の資料あり)
住所	〒152-8550 東京都目黒区大岡山2-12-1　L-1
アクセス	東急大井町線・目黒線大岡山駅からすぐ

地下の学習スペースは、自然光が入るこだわりの空間

東京工業大学大岡山キャンパスの附属図書館。2011年にリニューアルオープンし、書架と閲覧・調査スペースを集約した地下スペースには約63万冊の理工学系分野を中心とした専門性の高い蔵書が収められている。文部科学省から外国雑誌センター館の指定を受けており、理工学系分野の外国雑誌については国内でも有数のコレクションを誇る。

レファレンス・サービスの受付方法

東京都

理工学分野の幅広い資料・専門書を提供

東京大学生産技術研究所図書室

とうきょうだいがくせいさんぎじゅつけんきゅうじょとしょしつ

📞03-5452-6019

開館時間	9:30〜12:00、13:00〜17:00
休館日	土・日曜、祝日、年末年始
入館料金［条件・手続き］	無料
館外貸出［条件・制限］	不可（閲覧のみ）
書架の状態	開架
住所	〒153-8505　東京都目黒区駒場4-6-1
アクセス	小田急小田原線東北沢駅から徒歩8分

閲覧席と新着雑誌架が配置された図書室内

理工学の広い分野を研究対象とする東京大学の生産技術研究所にあって、研究分野全般にわたる資料を収集、整備、保存し提供する共用研究設備として位置付けられている図書室。洋雑誌1500タイトル、和雑誌1000タイトル、洋図書9万5000冊、和図書6万3000冊を所蔵。蔵書は、研究所の組織体系を採り入れて作成された独自の分類法によって整理。

レファレンス・サービスの受付方法

東京都

薬学・生化学分野の資料を中心に収集

東京大学薬学図書館

とうきょうだいがくやくがくとしょかん

📞03-5841-4705／4745

開館時間	9:00〜17:00
休館日	土・日曜、祝日、年末年始
入館料金［条件・手続き］	無料
館外貸出［条件・制限］	不可（閲覧のみ）
書架の状態	開架
住所	〒113-0033　東京都文京区本郷7-3-1
アクセス	地下鉄本郷三丁目駅から徒歩10分

閲覧室の様子。薬学関係の研究や学習に必要な図書および雑誌を中心に収集

1958年、東京大学医学部薬学科から東京大学薬学部が独立したときに薬学部図書室として設置された。1996年に薬学部資料館へ移転し、名称も薬学部図書室から薬学図書館に改称された。利用対象は大学関係者を基本としているが、閲覧や複写に関しては学外者の利用も可。蔵書冊数は約5万冊で、一部資料を除き開架で自由に手に取ることができる。

レファレンス・サービスの受付方法

神奈川県

充実した教材で学ぶ最新の地球・海洋科学

JAMSTEC横浜研究所図書館

ジャムステックよこはまけんきゅうじょとしょかん

045-778-5476

JAMSTECの研究分野に関連するテーマで、図書や地図、現物による特別展示を随時実施

開館時間	10:00〜17:00
休館日	土・日曜、祝日、年末年始、その他臨時休あり
入館料金［条件・手続き］	無料
館外貸出［条件・制限］	可（横浜図書館2階の蔵書のみ貸出可）
書架の状態	開架
住所	〒236-0001 神奈川県横浜市金沢区昭和町3173-25 海洋研究開発機構 横浜研究所　地球情報館　2階
アクセス	JR根岸線新杉田駅から徒歩13分

JAMSTEC横浜研究所の入り口すぐにある地球情報館（正面の建物）

地球情報館3階の職員専用図書館の様子。事前連絡により見学可能

レファレンス・サービスの受付方法

海洋研究開発機構（JAMSTEC）横浜研究所内にある図書館。

海洋・地球科学分野の一般書、児童書、科学絵本、科学雑誌のほか、所属研究者の著書、これまでに開催した公開セミナー（地球科学に関する最前線の研究・開発エピソードを紹介する一般向け講演会）のDVDなどを自由に利用することができる。一般開放フロア内の図書は約6000冊で、一部資料を除き、一人3冊まで1カ月間の貸出が可能。また、職員専用図書館に所蔵する専門書についても、事前連絡で取り寄せることにより閲覧および複写サービスを受けられる。

図書館に併設されている地球情報館は、JAMSTECが行っている研究や観測によって得られたデータ・映像を来館者へ提供。常設展示施設となっており、予約や事前申込不要で利用することができる。

岐阜県

医療の歴史や正しいくすりの使い方を知ろう

※資料の撮影・スキャンは不可

内藤記念くすり博物館附属図書館

ないとうきねんくすりはくぶつかんふぞくとしょかん

0586-89-2101

内藤記念くすり博物館の外観(図書館は左側の建物)。前面には薬用植物園が広がる

開館時間	9:00〜16:30(入館は〜16:00)
休館日	月曜、年末年始
入館料金 [条件・手続き]	無料(和装本の閲覧は要事前申請)
館外貸出 [条件・制限]	不可(閲覧のみ)
書架の状態	一部開架(閉架中心)
住所	〒501-6195 岐阜県各務原市川島竹早町1
アクセス	JR東海道本線尾張一宮駅からタクシーで20分

和装本コレクションより『解体新書』。「平安堂文庫」「大同薬室文庫」を核とした医薬書が多い

図書館1階の開架図書の様子。医薬史と薬用植物の蔵書が並ぶ

レファレンス・サービスの受付方法

内藤記念くすり博物館の開館は１９７１年。製薬メーカー・エーザイ株式会社の社会貢献の一環として、無料で公開している国内初の「くすり」に関する総合的な博物館である。

その附属図書館の収蔵資料は、生薬や製薬道具など約６万５０００点を数え、図書は薬学と医学分野における歴史的な専門書約６万２０００点。調査研究に役立つ貴重書を、より良い状態で後世の人々に伝えることを目的のひとつとしている。

特徴的な蔵書として、神官を務めながらも漢方医として活躍した中野《なかの》康章《こうしょう》の旧蔵図書「大同薬室文庫」を中心とした和装本のコレクションがある。図書・和装本とも一般公開しているが、和装本の閲覧は事前予約が必要となる。

公式ホームページでは、一般書の検索に加えて、収蔵図書や資料のなかから特に貴重なものをデジタルアーカイブ化して公開中。

東京都

水道に関する貴重な資料を公開

東京都水道歴史館ライブラリー

とうきょうとすいどうれきしかんライブラリー

03-5802-9040

開館時間	9:30〜17:00(入館は〜16:30)
休館日	第4月曜(祝日の場合は翌日)、年末年始
入館料金 [条件・手続き]	無料
館外貸出 [条件・制限]	可(身分証明書を提示。一部資料は貸出不可)
書架の状態	開架
住所	〒113-0033　東京都文京区本郷2-7-1
アクセス	JR中央線・JR総武線・地下鉄御茶ノ水駅および水道橋駅、地下鉄本郷三丁目駅および新御茶ノ水駅　各駅から徒歩8分

閲覧室では3000冊を配架

東京都水道局のPR施設・東京都水道歴史館に併設したライブラリー。東京都水道局の事業記録や江戸上水・東京水道の歴史に関する資料を収集。江戸上水の徳川幕府公式記録である『上水記』(東京都指定有形文化財)、幕末〜明治期の上水道の絵図面といった貴重資料もあり、定期的に公開している(複製を展示室にて常設展示)。

レファレンス・サービスの受付方法

新潟県

地域社会の利用に供する開かれた図書館

長岡技術科学大学附属図書館

ながおかぎじゅつかがくだいがくふぞくとしょかん

0258-47-9264

開館時間	8:30〜21:00(土・日曜は9:00〜17:00、大学休業期間中は変更あり)
休館日	祝日、夏期休館あり、年末年始、入学試験日等に準じた臨時休あり
入館料金 [条件・手続き]	無料(図書館利用証を発行する場合は身分証明書を提示)
館外貸出 [条件・制限]	18歳以上または高等専門学校の学生のみ貸出可。一部資料は貸出不可
書架の状態	開架
住所	〒940-2188 新潟県長岡市上富岡町1603-1
アクセス	JR上越新幹線長岡駅から越後交通技大方面行きバスで30分、技大前下車すぐ

建物2階が図書館の入り口。3階には専門書が並ぶ

長岡技術科学大学は、高度な実践的・創造的能力を備えた指導的技術者や研究者の養成を目指す、大学院に重点を置いた工学系の大学。図書館では大学の教育、研究内容に関連する専門書や学術雑誌を充実させるほか、英語多読図書やDVDなどさまざまな資料がそろう。貴重書のひとつとして、レオナルド・ダ・ヴィンチ『アトランティコ手稿』のファクシミリ版を所蔵。

レファレンス・サービスの受付方法

岐阜県

核融合やプラズマ物理関連資料を所蔵

核融合科学研究所図書室

かくゆうごうかがくけんきゅうしょとしょしつ

0572-58-2047

開館時間	9:00〜17:00
休館日	土・日曜、祝日、年末年始
入館料金［条件・手続き］	無料
館外貸出［条件・制限］	可(要貸出カード登録、数日の手続き期間あり)
書架の状態	開架
住所	〒509-5292　岐阜県土岐市下石町322-6
アクセス	JR中央本線多治見駅から東鉄バス学園都市線で23分、核融合科学研究所下車すぐ

独自分類により、核融合に関する図書は集中して配架

核融合やプラズマ物理の物理学を中心に、自然科学、工学、天文学など約6万9000冊の資料を所蔵している専門図書室。現名称での開室年は2004年であるが、その母体のひとつである名古屋大学プラズマ研究所図書室(1962年設置)の資料をすべて継承。図書館情報計算機システムを導入しており、書籍の表題、著者、目次などから検索できる文献データベースを構築。

レファレンス・サービスの受付方法

広島県

原爆放射線の健康影響について学ぶ

放射線影響研究所図書室

ほうしゃせんえいきょうけんきゅうしょとしょしつ

082-261-3131

開館時間	8:30〜17:00
休館日	土・日曜、祝日、年末年始
入館料金［条件・手続き］	無料(身分証明書を提示。要事前連絡)
館外貸出［条件・制限］	不可(閲覧のみ)
書架の状態	開架
住所	〒732-0815 広島県広島市南区比治山公園5-2
アクセス	JR広島駅から広島電鉄比治山下経由広島港行きで10分、比治山下電停下車、徒歩10分

図書室内部の様子

公益財団法人放射線影響研究所は、平和的目的の下に、放射線の人に及ぼす医学的影響およびこれによる疾病を調査研究し、原子爆弾の被爆者の健康保持および福祉に貢献するとともに、人類の保健の向上に寄与することを目的として設立。図書室では、研究の支援を目的とした医学専門書を数多く所蔵。

レファレンス・サービスの受付方法

岡山県

農学・植物学の資料を数多く所蔵

岡山大学附属図書館 資源植物科学研究所分館

おかやまだいがくふぞくとしょかんしげんしょくぶつかがくけんきゅうじょぶんかん

086-434-1204

図書館(史料館)の建物外観

開館時間	9:00〜17:00(書庫は〜16:45)
休館日	土・日曜、祝日、夏期休館あり、年末年始
入館料金 [条件・手続き]	無料(利用は所蔵資料の利用者のみ。土足禁止)
館外貸出 [条件・制限]	不可(閲覧のみ)
書架の状態	開架
住所	〒710-0046 岡山県倉敷市中央2-20-1
アクセス	JR山陽本線倉敷駅から徒歩15分

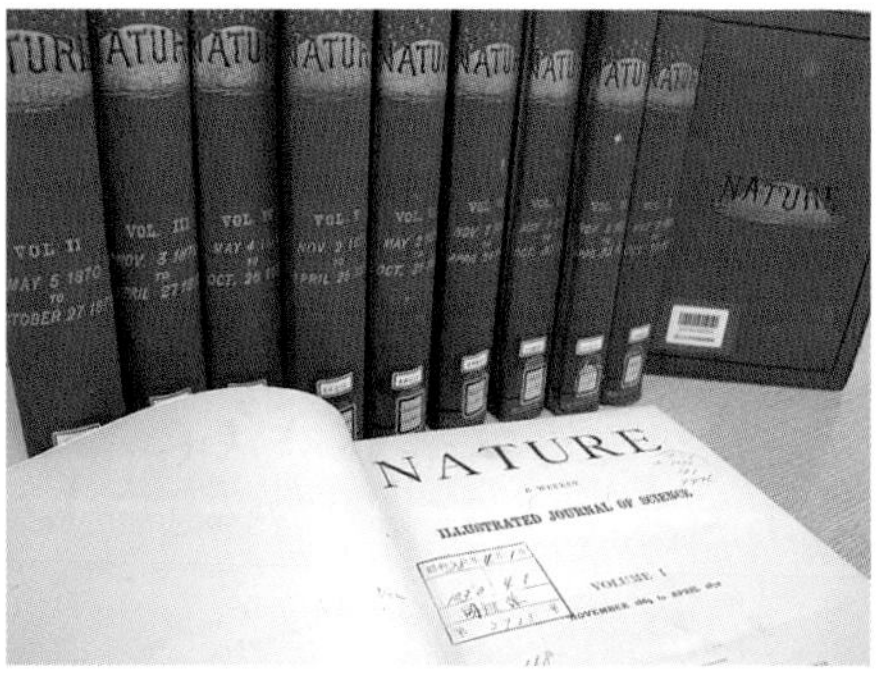

科学論文誌『Nature』の初号(1869年刊行)

研究所一般公開における展示の様子

レファレンス・サービスの受付方法

財団法人大原奨農会により、農民の福祉向上のため広く農事の改善を目指す私立の研究所として設立された農業研究所の農業図書館として1921年に開設され、以後岡山大学への移管を経て研究所図書館として現在まで存続している。1994年には貴重書を収める書庫を備えた「史料館」が完成。

約100年にわたって収集された漢籍や雑誌を所蔵しており、農学・植物学に関する日本で最も充実した図書館のひとつであるといわれている。また、研究所創設者の大原氏の特別寄付により収集されたコレクションとして「大原農書文庫」「大原漢籍文庫」「ペッファー文庫」を所蔵している。

一部の貴重資料については1階の展示スペースで鑑賞することができる。図書・雑誌分類は独自分類が用いられており、図書書庫・雑誌書庫が独立している。

INTERVIEW

からだや病気に関する情報を地域で共有する場として

からだ館

プロジェクトリーダー　**秋山美紀**さん（写真左）

からだ館スタッフと

最初は「がん」の情報ステーションとして

2007年11月に、山形県鶴岡市にある慶應義塾大学鶴岡タウンキャンパス内に、市民が誰でも利用できる、がん情報ステーション「からだ館」をオープンしました。

当初は、特にニーズが高かった「がん」の情報を集めて提供することからスタートしましたが、現在は、がんという疾病に限定しない健康に関する総合的な情報ステーションとして、地域で暮らす皆さんに健康情報を広く提供するとともに、住民の主体的な学び、当事者としての市民参加を強化する活動に力を入れています。

楽しく学べ、仲間と出会う場づくり

じつは「がん患者」と言っても、高齢社会においては、高血圧や関節痛など、複数の疾患を持っている方が多いわけです。

そこで、いま「からだ館」では、認知症や生活習慣病全般の情報提供にも力を入れています。私たちは、書籍や情報をそろえるというかたわら、勉強会等で「つながり」をつくるということを活動の中核に据えています。

「調べる・探す・相談する」というのが、いわゆる図書館の機能だと思いますが、私たちは、さらに「楽しく学ぶ」ための場づくりと、「仲間と出会う」というピアサポートの部分を実現しようと、さまざまな取り組みを重ねてきたわけです。

敷居をどう下げていけるのか

開設当初は、図書館にたくさんの情報をそろえて利用者を待っていれば、使ってもらえるだろうと考えていました。しかし、どういう場なのか、どんな情報があるのかを知ってもらえないと、本当に必要な人が必要な時に活用できないということに気づきました。

図書館というのは、自発的な学びの場だと思います。学ぶ意欲のある方や情報リテラシーのある方は、図書館に来て、自分でどんどん本を探す力がありますし、求めている情報とつながることができます。でも、図書館という場に足を踏み入れた経験すらない方も多く、とくに健康課題を抱えている方は、自分で本を手にとって読むというところにハードルがある場合もあります。さまざまな催し等できっかけをつくり、「敷居を下げる」ということはすごく大事なことだと思っています。

やってみねがオンライン

今回のコロナ禍で、教育現場ではオンライン授業が始まり、医療の場でも少しずつオンライン診療等が拡大していくことが予想されます。しかし、高齢者には、そうした情報環境はまだまだ馴染みがないのが現状です。そこで、2020年6月から、（山形弁で「やってみましょう」を「やってみねが」というのですが）「やってみねがオンライン」という名称で、ウェブ会議システムを使い、高齢の方々がオンラインでつながりおしゃべりを楽しむという試みを行っています。遠隔会議システムの使い方は、慶應義塾大学の大学院生たちがコーディネーターになって教えていますが、双方とも楽しそうです。オンラインでも心をつなぐことができればと思っています。（2020年7月3日取材）

➡からだ館 p.52下

INTERVIEW

資料を提供するだけでなく、専門的な情報の発信や編集も担う

国立極地研究所情報図書室

齊藤泰雄さん

大学図書館から専門図書館へ

私は国立極地研究所（以下、極地研）の図書室で働くようになってから、1年9か月ほどになります。それ以前は、大学図書館、研究所などに勤めていたのですが、私はもともと大学の理学部に在籍して、「隕石」について学んでいて、自然科学の分野に興味がありましたので、いつかは自然科学系の専門図書館で仕事をしてみたいと思っていました。そのような希望を出していたところ、たまたま極地研の図書室に異動することができました。

現在の仕事は、機関リポジトリへの登録作業を行ったり、極地研でジャーナルを発行したりしていまして、その編集事務局を担当しています。著者、査読者、編集委員とのやりとり、原稿のチェック、レイアウトの調整などを行っています。

専門的なレファレンスに回答

私たちの図書室を利用するのは、企業の方々や他機関の方、学生のほかに、近隣の方もお越しになることがあります。

閲覧のほかに、利用者から、文献調査や、南極地域観測隊、北極や南極に関する質問などが入ったりします。専門的な質問もあり、調査にそれなりに時間を要します。

図書室の隣の南極・北極科学館は、たいへん人気のある施設です。そこを見学した後、極地研にも行ってみようということで、図書室にも足を運ばれるケースもあります。年に1度の研究所全体の一般公開では、近隣の方もたくさんお見えになるので、図書室もにぎわいます。

出版される本の編集にも関わる

極地研の教職員は、いろいろなジャンルの専門家であり、それぞれの立場から本を書かれる人が多いので、「今度こんな本を書いたので献本します」と言って、著書を持ってこられることが多く、図書館員としては、たいへんありがたく、またとてもうれしい瞬間でもあります。

また、極地研では、観測や研究の成果を第一線の研究者が科学的にわかりやすく解説するとともに、極地での調査や活動、さらにはその歴史を紹介する単行本を製作し、出版することもあります。その編集事務局を担当することもあり、現在も3冊くらい同時並行で関わっています。

図書室がある建物の中に研究者の研究室もあり、レファレンス業務などを通して、少なからず研究者の方とコミュニケーションをとっていることや、図書館員の立場から、研究者や一般の方にどのような情報提供を行えばよいかを常に考えているので、出版企画に携わるのはとても勉強になります。また、図書館員の仕事にもフィードバックできる貴重な経験だと思っています。

企画展などで資料の貸出も

南極・北極科学館、地域の博物館、地元の公共図書館で、南極や北極に関する企画展を開催する際に、図書室の蔵書を貸し出しています。このコーナーで南極や北極に関する本と出会い、それがきっかけで、極地研に足を運んでくださる方もいるので、とてもよい企画だと思っています。　（2020年7月8日取材）

➡国立極地研究所情報図書室 p.54

4

歴史・地理・哲学・宗教

東京都

一般に開かれた貴重なキリスト教図書館

イエズス会聖三木図書館

イエズスかいせいみきとしょかん

03-3262-0364

閲覧席は18席、テーブル付きチェアは10席

開館時間	11:00～18:00（日曜は10:00～17:00）
休館日	木曜、祝日、毎月末日、夏期休館あり、年末年始
入館料金［条件・手続き］	一般2000円、学生1000円（年間利用料。初回利用時は利用カード登録が必要、身分証明書を提示）
館外貸出［条件・制限］	可（利用カードを提示）
書架の状態	開架
住所	〒102-0083 東京都千代田区麹町6-5-1 岐部ホール　2階
アクセス	JR中央線四ツ谷駅から徒歩3分

キリスト教関連の資料が一面に並ぶ書架

キリスト教系新聞と雑誌のなかには、ここでしか読めない洋雑誌も

レファレンス・サービスの受付方法

日本では数少ないキリスト教の専門図書館。1949年設立の「聖イグナチオ教会付属図書室」が上智学院に移管し「聖三木図書館」として開館。2007年よりカトリックイエズス会が管理運営している。館名は1597年に長崎で殉教した日本26聖人の一人「聖パウロ三木」にちなむ。日本の文化的土壌にキリスト教の思想や文化を紹介し、東洋思想と西洋思想との対話を促すという創設からの理念に基づき、60年以上にわたって資料を収集、公開している。

約3万5000冊の蔵書は、キリスト教、カトリックをはじめとしたキリスト教諸教派、聖書関連、キリスト教思想家・実践家・作家の著作、キリスト教教育・社会事業、キリスト教芸術・文化一般など。コレクションとして「アウグスティヌス」「トマス・アクィナス」「J.H.ニューマン」「エディット・シュタイン」などの関連資料を別置している。

東京都　多くの人が利用した貴重な資料を所蔵

三康図書館

さんこうとしょかん

📞03-3431-6073

図書館入り口に設置されている案内看板（2020年6月現在）

開館時間	9:30～17:00（入館、資料の出納・複写受付は～16:30）
休館日	土・日曜、祝日、夏期特別整理期間、年末年始
入館料金［条件・手続き］	100円（回数券あり。利用は16歳以上）
館外貸出［条件・制限］	不可（閲覧のみ）
書架の状態	一部開架（閉架中心）
住所	〒105-0011 東京都港区芝公園4-7-4
アクセス	地下鉄赤羽橋駅から徒歩5分

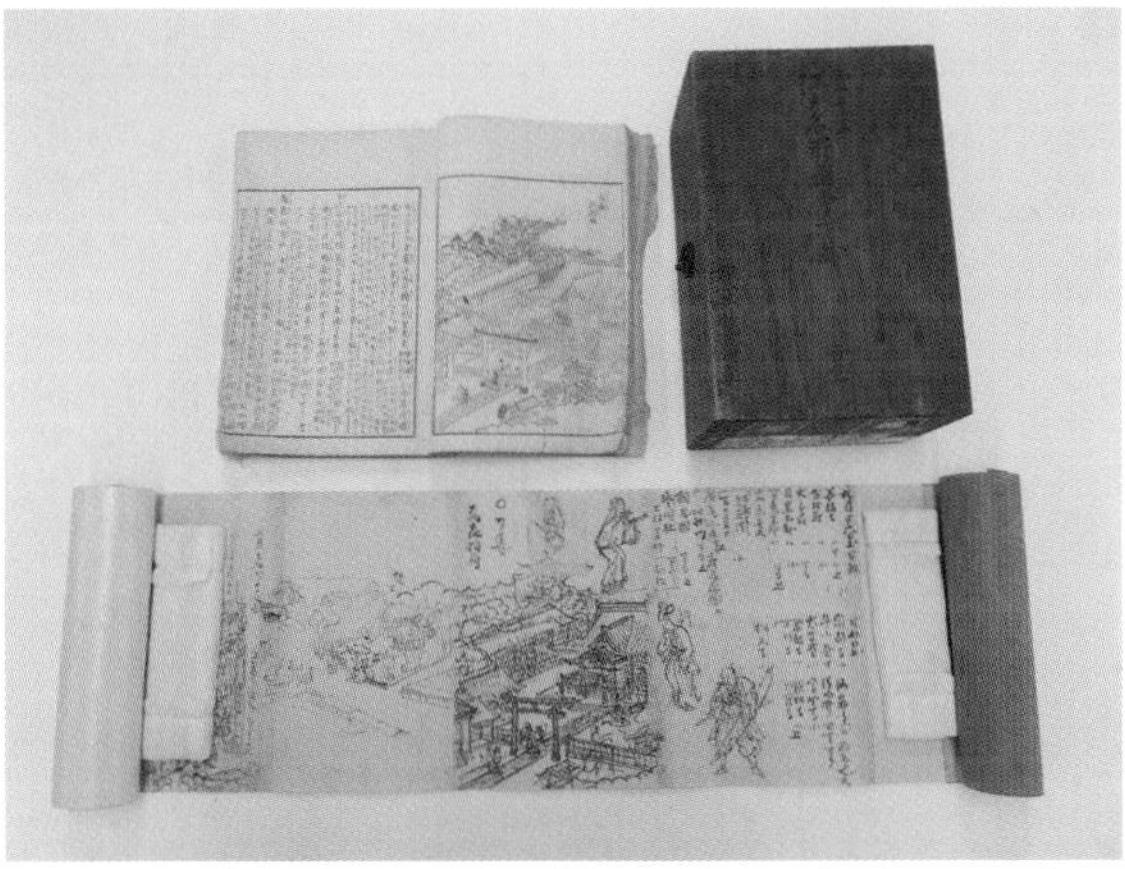
長谷川雪旦画『江戸名所図会下絵』の「烏森稲荷」の下絵と出版された『江戸名所図会』の該当箇所と箱

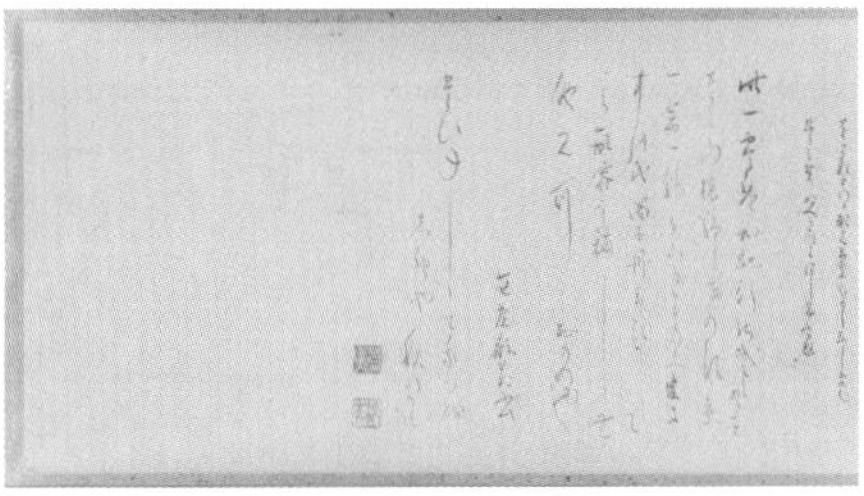
『甲子吟行絵巻』。跋文は松尾芭蕉の自筆といわれる

レファレンス・サービスの受付方法

約50年（1902～1953年）の歴史に幕を閉じた、旧大橋図書館の蔵書を引き継ぎ発足した図書館。

一般公開図書館であった旧大橋図書館の蔵書約18万冊は、戦前に出版された文学全集、パンフレット類、統計書、地理地誌、教育掛図、受験生のための入試問題集や参考書、江戸時代の版本、写本、雑誌など多岐にわたる。写本には、跋文を松尾芭蕉《まつおばしょう》が書いたとされる『甲子吟行絵巻』（巻子本1巻）や、江戸時代後期の絵師・長谷川《はせがわ》雪旦《せったん》による、江戸の名所旧跡案内記『江戸名所図会』の挿絵の下書き『江戸名所図会下絵』（巻子本2巻）などの貴重な資料を所蔵。

また戦時中の言論出版統制で検閲の対象となった「憲秩紊本《けんちつびんほん》」（法律や秩序を乱す本）と呼ばれる社会思想関係の資料群も所蔵する。現在は、宗教関連や哲学書、旧大橋図書館の蔵書に関係のある資料を中心に収集している。

⬇インタビュー記事79ページ

千葉県

ほかでは見られない明治・大正期の資料も

成田山仏教図書館

なりたさんぶっきょうとしょかん

📞0476-22-0407

開館時間	9:00～17:00
休館日	月・木・日曜、祝日、6月9日、盆時期・年末年始
入館料金［条件・手続き］	無料
館外貸出［条件・制限］	原則として成田市民のみ貸出可。一部資料は貸出不可（非該当者は閲覧のみ）
書架の状態	閉架
住所	〒286-0024　千葉県成田市田町312
アクセス	JR成田線成田駅から徒歩15分

ロビーにある展示スペースの様子

1902年に成田山中興第15世石川照勤《いしかわしょうきん》僧正によって開設、1988年の全面改築を機に「私立成田図書館」から現名称へと変更し、仏教、宗教、哲学の専門図書館として運営。仏教関係にとどまらず広範囲に及ぶ蔵書は約33万冊。開館時より、原則として廃棄処分をしなかったため、逐次刊行物を含む明治～大正期の出版物がとりわけ充実している。

レファレンス・サービスの受付方法

東京都

戦争・空襲のない平和な社会について考える

東京大空襲・戦災資料センター

とうきょうだいくうしゅう・せんさいしりょうセンター

📞03-5857-5631

開館時間	10:30～16:00
休館日	月曜（3月9～10日は無休）
入館料金［条件・手続き］	一般300円、中・高校生200円、小学生100円（10名以上の団体は要事前連絡）
館外貸出［条件・制限］	不可（閲覧のみ）
書架の状態	一部開架（閉架中心）
住所	〒136-0073　東京都江東区北砂1-5-4
アクセス	地下鉄住吉駅から徒歩20分

センター外観

1階受付前に、早乙女勝元館長の著作のコーナーや、調べ物用の本・子ども向けの本の書架などがある

1945年3月10日の東京大空襲で被害を受けた一般民間人の実相を中心に、なぜ東京は空襲を受けたのか、空襲はどのような傷跡や影響を残し日本社会はその歴史や経験にどのように向き合ってきたのかを多くの人に伝え続けている民立・民営の資料館。館内の戦災資料センターで閲覧できる蔵書は、寄贈された図書をはじめ、県や市町村、民間の平和団体、平和博物館、平和資料館などの出版物との交換資料を中心に収集している。

レファレンス・サービスの受付方法

東京都

約25万点の資料で学ぶ江戸東京

東京都江戸東京博物館図書室

とうきょうとえどとうきょうはくぶつかんとしょしつ

03-3626-9974（代表）

開館時間	9:30〜17:30
休館日	月曜（祝日の場合は翌日）、年末年始、特別整理期間（蔵書点検等）
入館料金［条件・手続き］	無料
館外貸出［条件・制限］	不可（閲覧のみ）
書架の状態	一部開架（閉架中心）
住所	〒130-0015　東京都墨田区横網1-4-1
アクセス	JR総武線両国駅西口から徒歩3分、東口から徒歩7分 地下鉄両国駅から徒歩1分

江戸東京の豊富な資料がそろう図書室

東京都江戸東京博物館の7階に位置する専門図書室で、1993年の博物館開館と同時に開室。「時代」と「エリア」からみた江戸東京に着目し、おもに明治以降に刊行された洋装本を収集、博物館の刊行物や江戸東京の歴史・文化に関連する図書資料を幅広く所蔵している。館蔵の古文書類の一部は、マイクロフィルムで閲覧することができる。

レファレンス・サービスの受付方法

東京都

約13万5000冊の図書資料を収蔵

靖國偕行文庫

やすくにかいこうぶんこ

03-3261-8041

開館時間	9:00〜16:30（閲覧・複写申請は〜16:00）
休館日	月・木曜（祝日の場合は翌日）、年末、その他臨時休あり
入館料金［条件・手続き］	無料
館外貸出［条件・制限］	靖國神社崇敬奉賛会会員・偕行社会員のみ貸出可。一部資料は貸出不可（非該当者は閲覧のみ）
書架の状態	一部開架（閉架中心）
住所	〒102-8246　東京都千代田区九段北3-1-1
アクセス	地下鉄九段下駅から徒歩5分

正面入り口。館内の蔵書は約13万5000冊

館名は、靖國神社創立130年を記念し、公益財団法人偕行社より建物の改築費用と蔵書が奉納されたことによる。靖國神社に鎮まる英霊の戦歿当時の調査資料を所蔵し、その遺徳の顕彰と、近代軍事史ならびに御祭神の事績研究に資することを目的として1999年に開館。靖國神社をはじめとする神道関係資料や、日本近代軍事史関係資料を数多く所蔵する図書館。

レファレンス・サービスの受付方法

東京都　現代宗教に関する情報が幅広くそろう

宗教情報リサーチセンター

しゅうきょうじょうほうリサーチセンター

03-6304-8910

宗教情報リサーチセンター玄関

開館時間	11:00〜18:00
休館日	土・日曜、祝日、8月中旬は臨時休あり、年末年始
入館料金［条件・手続き］	一般1000円、学生500円（一日会員）（利用は会員のみ。年会費は一般2000円、学生1000円。入会金は2000円）
館外貸出［条件・制限］	不可（閲覧のみ）
書架の状態	開架
住所	〒166-0012 東京都杉並区和田1-5-12 REビル 1階
アクセス	地下鉄中野富士見町駅から徒歩5分

2階開架図書の様子。書架には数多くの資料が並ぶ

1階開架図書の様子

レファレンス・サービスの受付方法

日本や世界の現代宗教に関する正確な情報を提供するという目的で設立された図書館。

館内には、宗教に関する各種書籍（日本語および外国語）をはじめ、新聞・雑誌を中心にさまざまな媒体から広く収集された切り抜きデータ、宗教について記された基本的な事典類、年鑑、逐次刊行物などがそろう。250万件以上の切り抜きデータは、1990年代後半以降のものが中心。記事ファイルは自由に閲覧することもできるが、あらかじめ調べたい事柄の「キーワード」「発行年月日」を職員に伝えることによって、豊富な資料群のなかから目的の書籍や記事を探し出すことが可能である。

担当職員は宗教研究が専門分野で、大学院博士課程以上の経歴を有しており、その半数以上は宗教文化士の資格所持者。日本や世界の宗教について幅広い知識を持っているため、来館者に対して適切なアドバイスもしてくれる。

昭和館図書室

しょうわかんとしょしつ

03-3222-2573

閲覧席は30。奥の壁沿いに開架書架、右手前の低書架に写真集、児童書が並ぶ

開館時間	10:00〜17:30
休館日	月曜（祝日の場合は翌日）、年末年始
入館料金［条件・手続き］	無料（閉架図書の閲覧は、要利用カード登録）
館外貸出［条件・制限］	不可（閲覧のみ）
書架の状態	一部開架（閉架中心）
住所	〒102-0074 東京都千代田区九段南1-6-1 昭和館 4階
アクセス	地下鉄九段下駅からすぐ

検索端末。目次検索や絞り込みなどの詳細な検索が可能

書庫には昭和初期からの新聞縮刷版や、戦中・戦後の暮らしに関連する各種図書・雑誌が並ぶ

レファレンス・サービスの受付方法

戦没者遺族をはじめ、当時の日本国民が経験した戦中・戦後（1935年頃〜1955年頃）の歴史的資料や生活情報を収集、保存、展示し、後世代の人々にその労苦を知る機会を伝えていく施設「昭和館」内にある図書室。

戦時下での暮らしの体験記、各地の戦災記録をはじめとした国民生活の様子を伝える図書、戦時中に刊行された少年少女雑誌や婦人雑誌、都道府県および市町村史、企業史、公刊戦史などの関連図書を閲覧することができる。また、戦争に関する基本的図書（戦記、部隊史、戦争に関わった人物の著作や伝記など）や、辞典類などの参考図書、新聞縮刷版、地図、逐次刊行物も所蔵している。

各資料については、目次を含む情報がデータベースに入力されているため、さまざまな目的に応じて素早い検索で探し出せる。

東京都

手に取って閲覧できる貴重な和古書

立正大学古書資料館

りっしょうだいがくこしょしりょうかん

03-3492-6615

開館時間	10:00～17:00 （長期休暇・大学行事等による変更あり）
休館日	日曜、祝日、大学行事等による臨時休あり
入館料金 ［条件・手続き］	無料（印鑑、身分証明書を持参の上、申請書類に記入）
館外貸出 ［条件・制限］	不可（閲覧のみ）
書架の状態	開架
住所	〒141-8602　東京都品川区大崎4-2-16
アクセス	東急池上線大崎広小路駅からすぐ

レファレンス・サービスの受付方法

古書は直接書架から取り出して閲覧できる

江戸時代の和古書をはじめ、貴重書、特殊資料（巻子本・折本・函物）など1万タイトル約4万5000冊を所蔵している古書の専門図書館。通常、古書の閲覧には特別な手続きが必要な館が多いなか、所蔵資料の約8割を開架とし、利用者が直接書架から取り出して閲覧できる点が最大の特徴。蔵書には稀少な古版本『妙法蓮華経』（春日版）や奈良絵本『太しょくかん』なども。

神奈川県

地名を学び歴史を知る

地名資料室

ちめいしりょうしつ

044-812-1102

開館時間	9:00～16:30
休館日	月曜、祝日、年末年始
入館料金 ［条件・手続き］	無料
館外貸出 ［条件・制限］	不可（閲覧のみ）
書架の状態	一部開架
住所	〒213-0001 神奈川県川崎市高津区溝口1-6-10 生活文化会館（てくのかわさき）4階
アクセス	JR南武線武蔵溝ノ口駅から徒歩5分 東急田園都市線・大井町線溝の口駅から徒歩6分

レファレンス・サービスの受付方法

資料室の入り口は、川崎市生活文化会館（てくのかわさき）の4階にある

地名に関する文献、雑誌、主要都市の自治体史をはじめ、川崎市内や近隣地域の郷土史に関する文献等を閲覧することができる。所蔵資料数は、書籍約2万5000点、地図約1万点。教育専門員による学習相談や調査研究への支援サービスを行っており、地名から地域を調べたり、郷土の歴史や地理を学びたいときなどに活用することができる。

神奈川県

横浜の歴史・考古・民俗に関する資料を公開

横浜市歴史博物館図書閲覧室

よこはましれきしはくぶつかんとしょえつらんしつ

045-912-7777

開館時間	9:00〜17:00(出納・複写は〜16:30)
休館日	月曜(祝日の場合は翌日)、年末年始
入館料金[条件・手続き]	無料
館外貸出[条件・制限]	不可(閲覧のみ)
書架の状態	一部開架(閉架中心)
住所	〒224-0003 神奈川県横浜市都筑区中川中央1-18-1
アクセス	地下鉄センター北駅から徒歩5分

横浜市歴史博物館の正面外観。図書閲覧室は2階

「横浜に生きた人々の生活の歴史」をテーマとする地域博物館内の図書室。博物館展示と隣接する遺跡公園、さらに一歩踏み込んだ周辺領域や関連トピックを学ぶための6万冊以上の資料を所蔵。港北ニュータウンの『全遺跡調査概要』をはじめとする市内外の埋蔵文化財発掘調査報告書や、全国のさまざまな博物館の展示図録の活用を目指して来館する利用者も多い。

レファレンス・サービスの受付方法

愛知県

神道・宗教・歴史を学べる神社の図書室

熱田文庫

あつたぶんこ

052-671-0852

開館時間	9:00〜16:00
休館日	毎月最終水曜とその翌日、6月5日、七五三期間中の土・日曜、祝日、年末年始、その他臨時休あり
入館料金[条件・手続き]	無料(利用は原則として研究を目的とする者・神社崇敬者のみ)
館外貸出[条件・制限]	不可(閲覧のみ)
書架の状態	閉架
住所	〒456-8585 愛知県名古屋市熱田区神宮1-1-1
アクセス	名鉄名古屋本線神宮前駅から徒歩5分

幅広い分野の書籍が並ぶ書架

熱田神宮境内中央の文化殿(宝物館)の2階にある図書室。江戸時代後期の神職の学校「熱田文庫」に由来し、各方面から多くの書物が寄贈されたが戦災で焼失(『国書総目録』掲載史料はほとんど現存せず)。社殿再建後は、神道、思想、郷土史、日本史、国文学、文化財に関する書籍と、菊田家寄託図書、愛知県神社庁寄託図書などを所蔵している。

レファレンス・サービスの受付方法

江戸時代後期から明治時代中期の貴重な資料

東京都立中央図書館特別文庫室

とうきょうとりつちゅうおうとしょかん とくべつぶんこしつ

03-3442-8451

特別文庫室閲覧席の様子。資料はすべて書庫に保管されている

開館時間	10:00〜17:30
休館日	第1木曜、設備等の保守点検日(月1回)、特別整理期間、年末年始
入館料金［条件・手続き］	無料
館外貸出［条件・制限］	不可(閲覧のみ)
書架の状態	閉架
住所	〒106-8575 東京都港区南麻布5-7-13
アクセス	地下鉄広尾駅から徒歩8分

『横綱(不知火)土俵入之図』歌川豊国(4世)。不知火型土俵入りの考案者といわれる第2代不知火

『江戸御城御殿守正面之絵図』(重要文化財)。明暦の大火で焼失した本丸天守閣の再建計画案とされている図

※FAXは聴覚・言語障害者限定。メールは都民優先

レファレンス・サービスの受付方法

都立中央図書館の5階にある特別文庫室では、江戸時代後期から明治時代中期の資料を中心に、和書、漢籍、錦絵、絵図、地図、書簡など約24万3000点を所蔵。

蔵書は、大正天皇即位礼に際し、東京市に下賜された10万円を基金として収集した江戸東京関係資料の「東京誌料」、第二次世界大戦中に東京都が民間の学者や蔵書家から買い上げ、疎開させることで戦災を免れた「戦時特別買上図書」（旧蔵者の名を冠した7つの文庫と、それ以外の諸家の資料をまとめた特別買上文庫に分かれる）と、戦前からの寄託資料、戦後の寄贈資料などで構成される。「東京誌料」のなかには、1987年に国の重要文化財に指定された江戸城造営関係資料（甲良家伝来）646点もある。

一部資料は、ウェブページ「TOKYOアーカイブ」にて閲覧することが可能である。

神奈川県 大倉山に建つ精神文化の専門図書館

大倉精神文化研究所附属図書館

おおくらせいしんぶんかけんきゅうしょふぞくとしょかん

045-834-6636

大倉山駅から徒歩7分。坂を登ると現れる白亜の建物が大倉山記念館

開館時間	9:30〜16:30
休館日	月・日曜、祝日、年末年始
入館料金［条件・手続き］	無料
館外貸出［条件・制限］	可（利用登録時に身分証明書を提示。一部資料は貸出不可）
書架の状態	一部開架（閉架中心）
住所	〒222-0037 神奈川県横浜市港北区大倉山2-10-1
アクセス	東急東横線大倉山駅から徒歩7分

重厚なドアの向こうは座席数8席の小さな閲覧室。
建物3階には第2閲覧室（座席数8席）も

大倉邦彦創案『日本精神文化曼荼羅』（辻善之助・人物選定、井村方外・画）が見守る閲覧室

レファレンス・サービスの受付方法

大倉洋紙店3代目として事業を成功させ、後に東洋大学学長に就任する大倉《おおくら》邦彦《くにひこ》が、1932年に創立した研究所の附属図書館。

哲学、宗教、歴史、文学の入門書から専門書まで10万6000冊、雑誌1200誌を所蔵。なかでも和洋精神文化の融合を追及する専門図書館として収集した神道、仏教、儒教関連の江戸中期以降の古書（木版本）や、1600年代の洋書を含む専門図書資料群4万冊（24種の貴重コレクション）は、全国的にも貴重な資料となっている。

コレクションのひとつである「タゴール文庫」は、インドのノーベル文学賞受賞者ラビンドラナート・タゴールから、大倉邸滞在の礼として寄贈されたもの（ホームページで全点デジタルアーカイブを公開）。遠山《とおやま》金《きん》四郎《しろう》の家臣によって書かれた『遠山金四郎役宅日記』などの蔵書も、来館者の注目を集めている。

➡インタビュー記事77ページ

愛知県

和漢の優れた古典籍を公開

名古屋市蓬左文庫

なごやしほうさぶんこ

052-935-2173

開館時間	9:30～17:00
休館日	月曜（祝日の場合は翌平日）、12月中旬の月曜～翌1月3日
入館料金［条件・手続き］	無料（利用は原則として蓬左文庫資料の調査研究を目的とする者のみ）
館外貸出［条件・制限］	不可（閲覧のみ）
書架の状態	一部開架（閉架中心）
住所	〒461-0023 愛知県名古屋市東区徳川町1001
アクセス	JR中央本線大曽根駅から徒歩10分 市バス基幹2号系統徳川園新出来停から徒歩3分 地下鉄大曽根駅または車道駅から徒歩15分

外観。建物は国の登録有形文化財（建造物）に登録

尾張徳川家の旧蔵書を引き継いだ文庫で、蔵書数は約12万点。『河内本源氏物語』など7件154点の重要文化財、尾張徳川家初代義直《よしなお》が徳川家康の遺品として譲り受けた『駿河御譲本』、歴代藩主が収集した書物を中心に、全国的にも優れた古典籍を伝える。閲覧室では蔵書の閲覧や画像利用に加え、古典や郷土史に関するレファレンスにも対応している。

レファレンス・サービスの受付方法

沖縄県

沖縄が抱える諸問題について考える

沖縄協会資料室

おきなわきょうかいしりょうしつ

098-997-3011（FAXは098-997-2678）

開館時間	10:00～16:00
休館日	無休（要事前連絡）
入館料金［条件・手続き］	資料室の利用は無料
館外貸出［条件・制限］	可（身分証明書を提示。一部資料は貸出不可）
書架の状態	開架
住所	〒901-0333 沖縄県糸満市摩文仁448-2 沖縄平和祈念堂管理事務所内（2階）
アクセス	那覇バスターミナルから89番糸満線糸満バスターミナル方面行きバスで約45分、糸満バスターミナルで82番玉泉洞糸満線玉泉洞駐車場方面行きバスに乗り換えて約25分、平和祈念堂入口下車、徒歩3分

貴重な文献が数多く並ぶ資料室

糸満市摩文仁の平和祈念公園内、沖縄平和祈念堂管理事務所の2階にある資料室。戦後、沖縄が本土に復帰するまでの間に各種の援護活動を行った特殊法人南方同胞援護会の後を受けて、1972年に設立された公益法人沖縄協会が管理運営を行う。沖縄関係の専門資料室として、復帰関連の貴重書や沖縄に関する単行本、調査報告書、統計書、学会誌、研究機関誌、逐次刊行物などを約5000冊所蔵している。

レファレンス・サービスの受付方法

INTERVIEW

誰でも自由に利用でき、気軽に立ち寄れる専門図書館

大倉精神文化研究所附属図書館

スタッフのみなさん

図書館スタッフみんなですべての仕事に対応

図書館の職員は6名です。多少の分担はあるものの、細かい分担を決めず、できるだけ全員がすべての仕事に対応できるような体制をとっています。

当館では古文書のような貴重資料が多く、その複写依頼があった際、普通のコピー機を使うと資料を傷めてしまうので、カメラを使い画質を調整しながら写真撮影しています。その資料画像をCDなどに焼いて提供する仕事をメインに担当するスタッフがいます。また、ホームページやツイッターの更新を担当するスタッフもいます。

貴重資料の他に、年間わずかな予算ではありますが、当館の収集方針に基づいて、新刊書籍を選書し、購入しています。それらの貸出・返却にも対応していますし、一般の図書館と同様にレファレンスにも対応しています。

公共図書館と専門図書館両方の役割を担う

当館の利用者は、1日平均20名ほどで、（現在は横浜市所有の）大倉山公園の中に位置しますので、季節に応じて、観梅会や芸術祭などイベントが開催される際、地元の方によく来ていただいています。

地元の学校などが、団体見学で来館することもあります。高校生が「江戸名所図会」などの貴重資料を興味深く手にとって覗き込んでいたのが印象的でした。

公共図書館と専門図書館の役割を両方果たしているのが当館の特徴だと思います。地元にある横浜市港北図書館と連携して行事を行うこともあります。

運営母体が「公益財団法人」になった時に、“地域への貢献”という活動を加えましたので、地域資料や地域の昔話を扱う紙芝居なども収集するように心がけています。

申請さえすれば、貴重な本でも手にとれる

当館をつくった大倉邦彦氏は、佐賀県神埼《かんざき》市出身で、18歳で神埼市を離れてからも、亡くなるまでずっと交流を持ち続けていました。地元に学校を作ったり、寄付をしたり、生家もまだ残っています。2018年7月に、神埼市立図書館と「姉妹図書館」提携を結びました。おそらく国内の図書館同士がこのような提携を取り交わしているのは珍しいのではないでしょうか。

大倉邦彦氏は洋紙会社の経営者でしたが、彼が図書館をつくったのは、人格形成や生き方を学ぶには、哲学・宗教など精神文化に関わる過去の文献をしっかり勉強して、自分の生き方を見つけるんだという考えから出発しています。そのような文献を誰でも読めるようにしようという信念が図書館につながっているので、本当に幅広いジャンルの本が集められています。たとえ貴重な本であっても、閲覧可能な本であれば、申請を出していただくことにより、原則、誰でも自由に手にとることができます。また、一般書を利用される方にも丁寧に資料を扱っていただいており、返却時にわざわざ本を袋に入れたり、手紙が添えられていることもあります。（2020年3月26日取材）

➡大倉精神文化研究所附属図書館 p.75

横浜開港資料館閲覧室

よこはまかいこうしりょうかんえつらんしつ

045-201-2150

閲覧室内の様子。江戸時代から昭和初期までの横浜の歴史に関するさまざまな資料を公開している

開館時間	10:00～16:30 （資料の出納・複写の申込は～16:00）
休館日	月・火曜（祝日の場合は翌平日）、 資料整理期間、年末年始
入館料金 [条件・手続き]	100円（展示室利用の場合は閲覧室の利用料無料）
館外貸出 [条件・制限]	不可（閲覧のみ）
書架の状態	一部開架（閉架中心）
住所	〒231-0021 神奈川県横浜市中区日本大通3
アクセス	みなとみらい線日本大通り駅からすぐ

『横浜毎日新聞』は日本で最初の日刊日本語新聞（旧暦明治3年創刊）。原紙はさまざまな場所で発見された

敷地内には旧英国総領事館の建物があり、一部見学できる

レファレンス・サービスの受付方法

1859年に開港した横浜は、1923年の関東大震災や第二次世界大戦時の大空襲により、その歴史を伝える資料の多くを失う。しかし、横浜が貿易都市であったことも関係し、国内の生糸生産地や海外に残されていた古記録、古写真、新聞、絵画などを収集の対象としてきた結果、現在の横浜開港資料館には、江戸時代から大正・昭和初期までの横浜の歴史に関する貴重な資料約27万点が保管されている。

収蔵資料には、行政資料、歴史的公文書、海外資料、市内旧家の文書、横浜商人関係の文書、横浜市内や外国人居留地で発行されていた新聞や雑誌、画像資料（写真、絵葉書、地図、瓦版、浮世絵、芝居番付、商標）、個人コレクション（収集家が残した蔵書・資料類）などがあり、一部の資料に関しては、閲覧室で原資料を見ることができる。

INTERVIEW

スタッフが図書館の外に出ていくことから

三康図書館

新《しん》屋《や》朝《とも》貴《き》さん

旧・大橋図書館の蔵書約18万冊を引き継ぐ

三康図書館が入っているビルに、仏教関係の団体も入っているため、仏教関係の図書館というイメージを持たれる方もいらっしゃいますが、仏教関係者の利用は全体の2割程度で、圧倒的に多いのは、旧・大橋図書館（欧米の図書館を視察した博文館創業者の大橋佐平氏が計画。子の大橋新太郎氏が1902年に設立した私立図書館）の蔵書を見に来られる方々です。

1953年まで公共図書館の役割をもっていた旧・大橋図書館の蔵書約18万冊を引き継いでいるため、例えば戦前に出版された文学全集や、パンフレット類、教育掛図、博文館が出版していた少年少女向け雑誌など貴重な資料の現物を見ることができるのです。これらはほとんど閉架式書庫に所蔵されていますが、閲覧の請求をしていただければ、すぐに実物を手に取っていただけるのは、この図書館の魅力かなと思っています。

図書館の仕事に就きたい！

私は以前、法律事務所に事務職員として勤めていました。ただ2年くらい経ったときに、本当にやりたかった仕事は何だろうと思い始めました。もともと本が好きだったので、書店や出版社に勤めるとか、職業作家になるなどいろいろと考えてみましたが、ある時、「図書館の仕事って、面白いんじゃないか」と思い立ち、働きながら通信教育で図書館司書課程を履修することにしました。

無事、資格を取得し、図書館の求人を探していきました。私は図書館の館種にはとくにこだわらず、正規でフルタイムで働けるようなところを狙っていました。日本図書館協会のウェブサイトで、三康図書館の募集を知り、応募したのです。じつは私は司書課程のレポートで、たまたま旧・大橋図書館のことを調べていましたので、本当に運命的なものを感じました。そして、2018年4月から三康図書館に就職し、3年目に入ったところです。図書館スタッフは、私を含め5名で、すべて常勤の正職員です。

利用者を増やすため、できることから

私が仕事上とくに心がけているのは、三康図書館の存在をもっと多くの人に知ってもらいたいということです。研究者だけの利用では、どうしても広がっていかないと思うので、一般の人たちに三康図書館のことを知ってもらうためにできることから始めることにしました。まずは、ロゴマークを新しくデザインしたり、ウェブサイトのリニューアルを手がけています。

三康図書館がある港区には、区立の図書館のほかに、都立中央図書館もあります。そこで、港区にある図書館スタッフ間のメーリングリストを立ち上げて、情報交換を始めました。例えば、今回のコロナ禍では、感染防止対策などについて、ウェブ会議を開いたりしました。

大学図書館や学校図書館などとのつながりは、これからの課題ですが、東京タワーや増上寺も近いですし、社会見学などで活用してもらえるようになればいいなと考えているところです。（2020年6月22日取材）

➡三康図書館 p.67

Question

**モンロー計算機についての情報がほしい。
ウィキペディア投稿に利用するので、文献情報が必要である。**

Answer

この機械は日本製ではなかったため、日本のモノづくり関係の本にはとりあげられていなかったが、この機械を輸入した会社の社史『丸善百年史（下）』から情報を得ることができた。

調査方法・参考文献など

まず、モンロー計算機とはなにか。所蔵する機械用語事典、事典類を調べてみたが、どこにも掲載されていない。

そこでインターネットで調べてみる。当館のOPAC及びdlib.jp（本書p.162 専門図書館の蔵書横断検索サイト参照）で、「モンロー計算機」をキーワードにして検索するが該当なし。

「モンロー計算機」をキーワードとしてインターネット検索を行うと、販売サイトを含めてかなりの数の情報を見つけることができるが、当然Wikipediaには「モンロー計算機」という項目はない。だからこれから項目を作る必要があるのだ。

インターネット上で見つけた「電卓博物館」というサイトには、写真とともにモンロー計算機についての記述がある。そこには電動計算機の「代表的なものとしては米国モンロー社の電動計算機がある。日本では丸善が総代理店になり輸入された。」とある。電動式計算機は手動式計算機にモーターを付けたもので、電子計算機とは全く違うものであった。したがって、電子計算機登場後の資料をいくら探してもモンロー計算機についての情報を得ることができないのである。

当館のOPACにまだ反映されていない寄贈されたコレクションの中に何か資料があるのではと考え、ブラウジングしてみる。

1976年東洋経済新報社刊行の『日本商品大辞典』には計算機の解説が掲載されている。この『日本商品大辞典』はタイトルが変更されながら、数回にわたって刊行されている。しかしあまり新しい版だと「計算機」という項目はなくなっている。「電子計算機」という項目もなく、「コンピューター」にとってかわられている印象がある。『日本商品大辞典』によると、Monroe社がこの計算機の販売元とされている。日本の生産品ではなく、輸入商品であるため、国内の生産関係の統計や報告書を調べても関連事項が出てこないのである。

ここで輸入元として丸善が挙げられていることに着目した。丸善の社史を所蔵していることを思い出し、『丸善百年史』にあたってみた。すると大正期の輸入品について記述した章があり、期待した以上に記述されていた。モンロー計算機はその当時、事務機の輸入品の主力だったローヤルシグネットタイプライターと並ぶ主要商品であったようである。この本には昭和以降もモンロー計算機についての記述があり、この記録から戦後もしばらくは丸善の主要商品であったことがうかがえる。

結城 智里

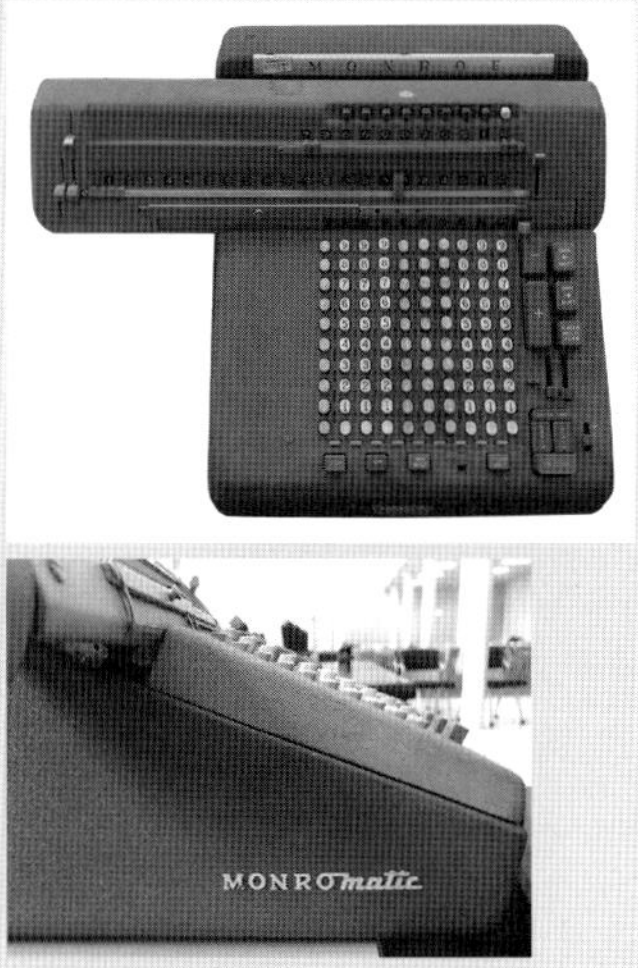

▲モンロー計算機

➡BICライブラリ p.43

5

子ども・教育・社会・人権・女性・福祉

矯正図書館

きょうせいとしょかん

03-3319-0654

矯正会館の3階にある図書館入り口

開館時間	9:00〜17:00
休館日	土・日曜、祝日、特別整理期間、年末年始
入館料金［条件・手続き］	無料（初回利用時は身分証明書を提示）
館外貸出［条件・制限］	不可（閲覧のみ）
書架の状態	一部開架（閉架中心）
住所	〒165-0026 東京都中野区新井3-37-2 矯正会館　3階
アクセス	西武新宿線沼袋駅から徒歩7分 JR中央線・地下鉄中野駅から徒歩15分

新着雑誌の書架とブラウジングスペース。行刑史料の展示も行っている

雑誌『刑政』は、前身である『大日本監獄協会雑誌』から現在までの全号がそろう

レファレンス・サービスの受付方法

犯罪・非行および矯正を中心とした刑事政策に関する日本で唯一の専門図書館として、1967年に開館した。

刑務所、少年院、少年鑑別所の活動に関するものを中心に、刑事政策に関連の深い諸科学の資料を幅広く収集している。矯正協会創設当時の明治期から蓄積された資料に加え、今日までに集められた資料は図書約4万冊、雑誌約900誌にのぼる。このほかにも、江戸期・明治期の捕具、戒具、刑具、古文書、絵図、写真といった貴重史料を所蔵。

論文情報等の収集も行い、矯正関係に特化したデータベースを構築してその充実化を図っている。SNSなどのインターネットを使った情報発信で、矯正協会の会員をはじめ、研究者や学生、また犯罪や矯正に関心のある人々に広く資料を公開している。

国立国会図書館国際子ども図書館

こくりつこっかいとしょかんこくさいこどもとしょかん

03-3827-2053

国際子ども図書館レンガ棟は、1906年に帝国図書館として建てられた。現在では東京都の歴史的建造物に選定

開館時間	9:30〜17:00
休館日	月曜、祝日（5月5日は開館）、第3水曜、年末年始
入館料金［条件・手続き］	無料（児童書研究資料室の利用は国立国会図書館登録利用者カードを提示。申込書に記入することで当日利用カードを発行可。18歳未満は要相談）
館外貸出［条件・制限］	不可（閲覧のみ）
書架の状態	一部開架（閉架中心）
住所	〒110-0007 東京都台東区上野公園12-49
アクセス	JR上野駅公園口から徒歩10分

児童書ギャラリーでは、明治期以降の日本の絵本史・児童文学史の展示を行っている

国内外の児童書および関連資料を提供している児童書研究資料室

レファレンス・サービスの受付方法

２０００年１月に国立国会図書館の支部図書館として設立。同年５月に部分開館し、２００２年５月に全面開館した国立の児童書専門図書館である。

納本制度により収集した国内の出版物に加え、世界の約１６０の国と地域から購入、寄贈などによって集められた児童書および関連資料を所蔵。「子どもの本は世界をつなぎ、未来を拓く！」という理念に基づき、児童書専門図書館として、子どもと本のふれあいの場・子どもの本のミュージアムとしての役割を果たしている。

来館者へのサービス（閲覧、複写、レファレンス・サービス）、子どもに対するサービス（児童書、調べもののための資料の提供、子ども向けイベントの実施）をはじめ、展示会、講演会などの各種イベントを開催するほか、遠隔複写や図書館間貸出といったサービスも行っている。

埼玉県

女性・家庭・家族に関する専門図書館

女性教育情報センター

じょせいきょういくじょうほうセンター

0493-62-6195

開館時間	9:00〜17:00
休館日	国立女性教育会館の休館に準じる、年末年始
入館料金［条件・手続き］	無料
館外貸出［条件・制限］	可（一部資料は貸出不可）
書架の状態	開架
住所	〒355-0292　埼玉県比企郡嵐山町菅谷728
アクセス	東武東上線武蔵嵐山駅から徒歩12分

図書・行政資料約14万冊、新聞記事約50万件を所蔵・提供

国連が女性の地位向上を目指して国際婦人年を設けたのは1975年。国内では1977年に国立婦人教育会館（現・国立女性教育会館）が開館。2年後に附設されたのが、男女共同参画社会の形成を目的とする「女性教育情報センター」である。所蔵資料のなかには、入手困難な女性団体・個人の刊行物、女性政策に関する政府・自治体の行政資料や広報誌が多数含まれる。

レファレンス・サービスの受付方法

東京都

戦前から現行まで。教科書の専門図書館

教科書図書館

きょうかしょとしょかん

03-5606-4314

開館時間	9:30〜16:30（複写は〜16:00）
休館日	木・金・土・日曜、祝日、年末年始
入館料金［条件・手続き］	無料（小・中・高校生の利用は要問合せ）
館外貸出［条件・制限］	不可（閲覧のみ）
書架の状態	開架
住所	〒135-0015 東京都江東区千石1-9-28　2階
アクセス	地下鉄東陽町駅から都営バス東22系統で5分、千石2丁目下車すぐ

閲覧机が8（24名分）、資料検索用PCが3台ある閲覧室

公益財団法人「教科書研究センター」の附属図書館として1977年に開館。戦後の検定教科書と現行教科書を中心に資料を収集し、来館すれば、教科書への理解や関心を深めることができる。また、教師用指導書、外国の教科書も所蔵。中国・韓国・台湾とは教科書交換を行っているため、比較的新しいものがそろう。教科書検定結果の公開資料（文部科学省）なども展示している。

レファレンス・サービスの受付方法

東京都

ハンセン病に対する正しい知識を学ぶ

国立ハンセン病資料館図書室

こくりつハンセンびょうしりょうかんとしょしつ

042-396-2909

開館時間	9:30〜16:30(入館は〜16:00)
休館日	月曜(祝日の場合は開館)、祝日の翌日、第3木曜(図書室のみ)、年末年始、その他臨時休あり
入館料金 [条件・手続き]	無料
館外貸出 [条件・制限]	可(身分証明書を提示。一部資料は貸出不可)
書架の状態	開架
住所	〒189-0002 東京都東村山市青葉町4-1-13
アクセス	西武池袋線清瀬駅から西武バス久米川駅北口行きで10分、ハンセン病資料館下車すぐ

ハンセン病関連の新聞・雑誌記事のスクラップ

国立ハンセン病資料館の前身である「高松宮記念ハンセン病資料館」の開館当時より付設され、ハンセン病およびハンセン病関連の書籍(国外出版物を含む)を中心に約3万5000点の資料を所蔵。なかにはハンセン病療養所の撮影を続けた写真家・趙《チョウ》根在《グンジェ》氏の旧蔵書約4000冊もある。ハンセン病療養所の刊行物、当事者による出版物、人権問題に関する資料も収集している。

レファレンス・サービスの受付方法

東京都

知的財産権に関する図書資料を多数収集

著作権情報センター資料室

ちょさくけんじょうほうセンターしりょうしつ

03-5309-2421

開館時間	10:00〜12:00、13:00〜17:00
休館日	土・日曜、祝日、夏期休館あり、蔵書点検期間、年末年始、イベント開催等による臨時休あり
入館料金 [条件・手続き]	無料(身分証明書を提示。要予約)
館外貸出 [条件・制限]	不可(閲覧のみ)
書架の状態	開架
住所	〒164-0012 東京都中野区本町1-32-2 ハーモニータワー 22階
アクセス	地下鉄中野坂上駅から徒歩3分

知的財産権関連の書籍が並ぶ和書棚

著作権を中心とした知的財産権に関する国内外の図書、逐次刊行物、論文、会報、調査研究報告書などの資料を収集し、広く一般の利用に供することを目的として設置された開架式の図書施設。現在の総蔵書数は約3万5000冊で、内外の図書資料の比率はおおよそ和書7:洋書3。外国資料のなかでは著作権先進国といわれるドイツ語の資料が最も充実している。

レファレンス・サービスの受付方法

東京ウィメンズプラザ図書資料室

とうきょうウィメンズプラザとしょしりょうしつ

03-5467-1970

入り口すぐのコーナーでは、専門雑誌や絵本が読める

開館時間	9:00〜20:00（日曜、祝日は〜17:00）
休館日	第3水曜、7月は第3水曜・第3日曜、図書整理期間、年末年始
入館料金［条件・手続き］	無料（東京都内在住・在勤・在学者）
館外貸出［条件・制限］	可（身分証明書を提示。一部資料は貸出不可）
書架の状態	閉架
住所	〒150-0001 東京都渋谷区神宮前5-53-67
アクセス	地下鉄表参道駅から徒歩7分

表参道駅から徒歩7分の好立地。
さまざまな利用者が情報収集をしている

館内は1階と地階の2フロア。広々とした空間で資料の検索が可能

レファレンス・サービスの受付方法

男女平等参画社会の実現に向けて、都民と行政が協力して取り組む具体的かつ実践的な活動の拠点「東京ウィメンズプラザ」。付設の図書室では、ジェンダーに関するさまざまな問題を解決するために、国内外の関連図書、行政や民間団体の資料、雑誌、新聞のほか、ビデオやDVDなどの視聴覚資料を幅広く収集し、情報提供を行っている。

蔵書数は約6万8000冊で、男女平等参画のための専門図書館としては規模、蔵書数ともに日本トップクラス。特徴的な資料として、国や各自治体の男女平等に関する資料や広報誌、女性関連の団体資料が挙げられ、その数は約3万5000冊。

また、情報収集や調べ物についてのレファレンス・サービスのほか、図書資料室の活用方法を案内するライブラリーツアーも開催している。

1 2 3 4 5 6 7 8 9
THEME
子ども・教育・社会・人権・女性・福祉

子どもの本と読書を専門とする私立図書館

東京子ども図書館／石井桃子記念かつら文庫

とうきょうこどもとしょかん／いしいももこきねんかつらぶんこ

03-3565-7711

公益財団法人
東京子ども図書館の
正面玄関

資料室の様子
（東京子ども図書館）

絵本の読み聞かせを、みんなで楽しむ

開館時間	児童室は13:00～17:00（土曜は10:30～）、資料室は10:00～17:00（土曜は～19:00）、事務室は10:00～17:00 かつら文庫の子ども向け開庫は14:00～17:00（第1～4土曜のみ）、大人向け公開日は13:00～16:00（原則火・木曜、要予約）
休館日	東京子ども図書館は月・木・日曜、祝日（事務室は月・日曜、祝日） かつら文庫は月・水・金・日曜、祝日、第5土曜、すべて夏期特別整理期間、年末年始
入館料金［条件・手続き］	東京子ども図書館は入館無料（資料室の利用は原則として18歳以上のみ） かつら文庫は大人観覧料500円（子ども向け開庫の利用は幼児～高校生とその保護者のみ、大人向け公開日の利用は保護者同伴の子どもの場合応相談）
館外貸出［条件・制限］	可（大人のみ身分証明書を提示。資料室内の資料貸出は年間登録料1000円。児童室内の資料は3歳～高校生のみ無料貸出可〈3歳未満は要保護者同伴〉） かつら文庫も同様。貸出は子ども向け資料のみ
書架の状態	開架
住所	〒165-0023 東京都中野区江原町1-19-10（東京子ども図書館） 〒167-0051 東京都杉並区荻窪3-37-11（石井桃子記念かつら文庫）
アクセス	地下鉄新江古田駅から徒歩10分（東京子ども図書館） JR中央線荻窪駅から徒歩8分（石井桃子記念かつら文庫）

レファレンス・サービスの受付方法

4つの家庭文庫を母体として1974年に設立した私立図書館。

子どもへの直接サービスのほか、〝子どもと本の世界で働くおとな〟のために、資料室の運営、出版、講演や講座の開催、人材育成などさまざまな活動を行っている。資料室の蔵書は約1万9500冊で、国内外の児童書や昔話、図書館に関する研究書、イギリスの先駆的児童図書館員アイリーン・コルウェル氏からの寄贈図書コレクションを所蔵している。幼児から中・高校生までを対象とした児童室の蔵書は約8600冊。小規模な図書館ならではの親しみやすい雰囲気と、一人ひとりの子どもへの読み聞かせなど、こまやかなサービスを提供している。

分室の「石井桃子記念かつら文庫」では、毎週土曜に地域の児童を対象とした子ども向けの開庫を行い、大人向け公開日には児童文学作家・翻訳家の石井桃子の書斎や、渡辺《わたなべ》茂《しげ》男《お》の資料を見学することができる（原則火・木曜、要予約）。

東京都

社会福祉の理論と実践をつなぐ専門図書室

鉄道弘済会福祉資料室

てつどうこうさいかいふくししりょうしつ

03-5276-0325

開館時間	9:30～17:30
休館日	土・日曜、祝日、点検期間、年末年始、その他臨時休あり
入館料金［条件・手続き］	無料
館外貸出［条件・制限］	可（一部資料は貸出不可）
書架の状態	開架
住所	〒102-0083 東京都千代田区麹町5-1　弘済会館　8階
アクセス	JR中央線四ツ谷駅から徒歩5分

福祉関連の図書・資料を約2万5000冊所蔵

1965年に弘済会館内に開設された専門図書室で、社会福祉に関する図書、資料、雑誌、紀要を収集。図書約1万5000冊・資料約1万冊の蔵書は、社会保障、貧困、高齢者福祉、障害者福祉、医療福祉、ジェンダーといった幅広い分野や歴史ある文献で構成。また、専門誌『社会福祉研究』の発行やセミナーの開催など、社会福祉の理論と実践をつなぐ役割も果たしている。

レファレンス・サービスの受付方法

東京都

日本教育史・社会教育・教育心理の資料が豊富

野間教育研究所図書室

のまきょういくけんきゅうしょとしょしつ

03-3944-2421

開館時間	10:00～17:00
休館日	土・日曜、祝日、年末年始、その他臨時休あり
入館料金［条件・手続き］	無料（写真付きの身分証明書を提示。学生は指導教員または図書館の紹介が必要。前日までに要予約）
館外貸出［条件・制限］	可（身分証明書を提示。一部資料は貸出不可）
書架の状態	開架
住所	〒112-0012　東京都文京区大塚2-8-3
アクセス	地下鉄護国寺駅から徒歩3分

利用者の多い学校沿革史誌の書架

株式会社講談社の寄付を受け、教育の基礎的・科学的調査研究の発展を目指して1946年に設立された野間教育研究所。図書室にある3万4000冊の蔵書は、研究所の4つの部門（日本教育史、社会教育、教育心理、幼児教育）の研究テーマに沿って収集。特に、高等教育機関を中心に学校沿革史誌（戦前期の旧制学校沿革史、軍教育関係資料も含む）は約8500冊所蔵。

レファレンス・サービスの受付方法

東京都

社会労働問題の専門図書館・資料館

法政大学大原社会問題研究所

ほうせいだいがくおおはらしゃかいもんだいけんきゅうじょ

042-783-2305

開館時間	9:00〜17:00
休館日	土・日曜、祝日、大学休暇期間、年末年始
入館料金［条件・手続き］	無料
館外貸出［条件・制限］	学外者には図書のみ貸出可。貴重書等一部資料は貸出不可（初回のみ利用登録のため身分証明書を提示） 学部生は館内閲覧のみ
書架の状態	閉架
住所	〒194-0298　東京都町田市相原町4342
アクセス	京王高尾線めじろ台駅から京王バス・JR横浜線相原駅から神奈川中央交通バス法政大学行きで15分、法政大学下車すぐ

ポスターコレクションの一部

1919年に大阪で創立し、1949年に法政大学と合併。社会科学の分野では日本で最も古い歴史を持つ研究所である。21世紀に生起する労働問題の解明を中心にしながら、ジェンダー、社会保障、環境関連の諸問題の研究に力を入れている。蔵書約21万冊のほかに、ビラ・チラシなどの原資料、ポスター・写真・バッジといった社会運動関係の現物資料も多数所蔵する。

レファレンス・サービスの受付方法

神奈川県

数多くの教育資料を所蔵する教育専門図書室

神奈川県立総合教育センター教育図書室

かながわけんりつそうごうきょういくセンターきょういくとしょしつ

0466-81-1679

開館時間	9:00〜17:00
休館日	土・日曜、祝日、年末年始
入館料金［条件・手続き］	無料
館外貸出［条件・制限］	可
書架の状態	一部開架（閉架中心）
住所	〒251-0871　神奈川県藤沢市善行7-1-1
アクセス	小田急江ノ島線善行駅から徒歩12分

入り口横の展示ケースでは、所蔵資料を随時紹介

神奈川県内教員の研修施設・総合教育センターの善行庁舎内にある図書室で、教育に関する図書、雑誌、資料約20万点を整理・公開。国の機関、県内外各市町村の教育委員会、教育研究所、学校の刊行物のほか、戦後検定教科書などのコレクションも自由に閲覧できる。2020年度供用開始予定の新庁舎への移転作業のため、2020年10月より閉室（詳細は要問合せ）。

レファレンス・サービスの受付方法

東京都における子どもの読書活動推進の拠点

東京都立多摩図書館児童・青少年資料担当

とうきょうとりつたまとしょかん じどう・せいしょうねんしりょうたんとう

042-359-4020

えほんのこべや（こどものへや内）

開館時間	10:00～21:00 （土・日曜、祝日は～17:30）
休館日	第1木曜、設備等の保守点検日（月1回）、特別整理期間、年末年始
入館料金［条件・手続き］	無料
館外貸出［条件・制限］	不可（閲覧のみ）
書架の状態	一部開架（閉架中心）
住所	〒185-8520 東京都国分寺市泉町2-2-26
アクセス	JR中央線・武蔵野線西国分寺駅から徒歩7分

青少年資料エリアの様子

貴重なコレクションのなかには、明治・大正時代の児童書も

※FAXは聴覚・言語障害者限定。メールは都民優先

レファレンス・サービスの受付方法

東京都立多摩図書館内の1階には、約1万3000冊の絵本や物語、知識の本、外国語の児童書をそろえた「こどものへや」、中高生を中心とした若い世代向けの本、学習やレポートの作成に役立つ資料、職業や進路を考える際に参考となる図書を集めた「青少年エリア」、児童書について書かれた文献や子どもの読書に関する資料が排架された「児童研究書エリア」がある。

国内有数のコレクションを誇る蔵書のなかには、明治時代の貴重な資料から現在刊行されている図書、雑誌、紙芝居などが含まれており、その総計は24万冊を超える。

乳幼児から青少年までを対象とした子どもへの直接サービスや、子どもの読書に関わる人々への支援も行い、東京都全域における児童・青少年の読書活動を推進している。

東京都

「労働」をはじめとした幅広い分野の資料

労働図書館

ろうどうとしょかん

03-5991-5032

和雑誌、洋雑誌、労働組合新聞、各種団体広報誌が読める閲覧室

開館時間	9:30〜17:00
休館日	土・日曜、祝日、年末年始
入館料金［条件・手続き］	無料
館外貸出［条件・制限］	可（身分証明書〔健康保険証を除く〕を提示。一部資料は貸出不可）
書架の状態	開架
住所	〒177-8502 東京都練馬区上石神井4-8-23
アクセス	西武新宿線上石神井駅から徒歩10分

書庫にある電動書架。壁際の書架には製本雑誌が並ぶ

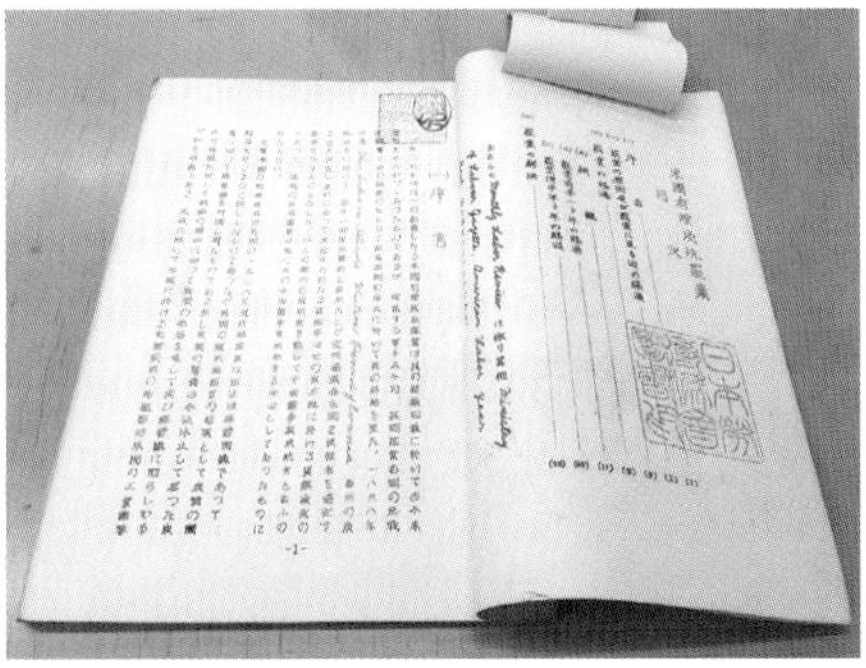

特殊コレクション「総同盟（戦前）等資料（因島労働組合所蔵文書）」をはじめ、貴重な資料を数多く所蔵

レファレンス・サービスの受付方法

労働法や労働経済、労働運動といった「労働」に関する分野はもちろん、経済学や社会学、教育学といった社会科学関係の図書、雑誌が幅広くそろっている専門図書館。人事労務やキャリア、職業関係の調べもの、大学などの論文・レポート作成のための資料収集、労働政策・運動の歴史的資料の研究に活用することができる。

蔵書数は、和書12万5800冊、洋書3万2800冊、和洋雑誌6200冊、和洋の製本雑誌2万7000冊で、開架式のため自由に閲覧が可能。厚生労働省をはじめとする官公庁発行資料などの逐次刊行物、経団連や経営者団体の刊行物、民間研究機関刊行物も所蔵しており、労働組合に関しては、ナショナルセンターや産業別組合の大会資料も継続的に収集している。

また閲覧室に展示コーナーを設けて、毎年テーマを決めた企画展示を行っている。

京都府

人権問題に関する図書を幅広く整備

世界人権問題研究センター人権図書室

せかいじんけんもんだいけんきゅうセンターじんけんとしょしつ

075-231-2600

開館時間	10:00～12:00、13:00～16:00
休館日	土・日曜、祝日、年末年始、その他臨時休あり
入館料金［条件・手続き］	無料
館外貸出［条件・制限］	可（要会員登録、登録料は無料。一部資料は貸出不可）
書架の状態	一部開架
住所	〒604-8221 京都府京都市中京区錦小路室町西入天神山町290-1
アクセス	地下鉄四条駅から徒歩4分

訪れた人みんなが利用できる開架スペース

アジアにおける人権問題研究の貴重な研究機関として、内外から高く評価されている世界人権問題研究センター。人権問題に関する資料の収集・整理を目的として開設された図書室では、国際人権、同和問題、定住外国人の人権、女性と人権、人権教育、企業と人権などの資料を約2万冊弱所蔵しており、京都府市民や研究者に限らず誰でも閲覧することが可能である。

レファレンス・サービスの受付方法

福岡県

基礎から学ぶ男女共同参画

福岡県男女共同参画センター「あすばる」ライブラリー

ふくおかけんだんじょきょうどうさんかくセンター「あすばる」ライブラリー

092-584-1263

開館時間	9:00～21:00（日曜、祝日は～17:00）
休館日	第1・第2・第3・第5月曜（第4月曜は開館、第4月曜が祝日の場合は翌日）、特別整理期間、年末年始
入館料金［条件・手続き］	無料
館外貸出［条件・制限］	可（クローバープラザの利用者カードを提示。利用者カード発行には身分証明書が必要。一部資料は貸出不可）
書架の状態	開架（一部閉架）
住所	〒816-0804 福岡県春日市原町3-1-7 クローバープラザ西棟　2階
アクセス	JR鹿児島本線春日駅からすぐ

企画展示「みんなちがって　みんないい」の様子

男女共同参画の考え方に基づいて、男女の平等、家族のあり方、暮らし、健康、働き方、子育てに関する資料・図書を約4万2000点所蔵するライブラリー。AVコーナー、学習スペース、絵本や児童書・紙芝居がそろった児童コーナーなどの充実した設備を提供。資料が見つからない場合や調べものがあるときには、スタッフが手助けしてくれる。年間3～4回の企画展示も好評。

レファレンス・サービスの受付方法

ウィルあいち情報ライブラリー

ウィルあいちじょうほうライブラリー

📞052-962-2510

吹き抜けに低層の書架が並ぶ開放的な空間

開館時間	9:00～19:00
休館日	月曜（祝日の場合は翌日も休館）、祝日（祝日が土・日曜の場合は開館）、整理期間、年末年始
入館料金［条件・手続き］	無料
館外貸出［条件・制限］	可（一部資料は貸出不可）
書架の状態	開架
住所	〒461-0016 愛知県名古屋市東区上竪杉町1
アクセス	名鉄瀬戸線東大手駅から徒歩8分

情報ライブラリーで所蔵する視聴覚資料（DVD・ビデオ）を視聴できるブース

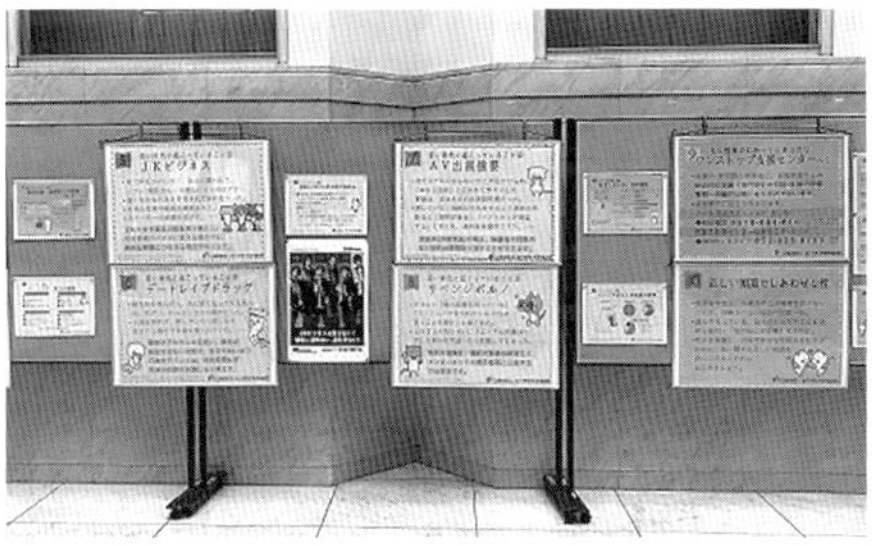

啓発パネルや関連資料の展示で、男女共同参画についてわかりやすく解説

レファレンス・サービスの受付方法

ウィルあいち（愛知県女性総合センター）は、愛知県の男女共同参画社会の実現に向けた活動の拠点施設として1996年に開館。1階にある情報ライブラリーでは、男女共同参画やジェンダーに関するさまざまな問題への対応のために、図書、雑誌、新聞、視聴覚資料を収集し、閲覧や貸出、レファレンス・サービスを行っている。

蔵書は、図書・行政資料約5万冊。専門資料はもちろん、気軽に楽しめる雑誌や小説、エッセイ、コミック、子どもの本、映画のDVDも多数そろえている。情報ライブラリーに新しく届いた図書や視聴覚資料は、公式ホームページでも紹介している。

男女共同参画についてわかりやすく解説したパネル展や、時宜を得たテーマによる図書展示など、企画事業も年間を通して実施している。

エル・ライブラリー（大阪産業労働資料館）

エル・ライブラリー（おおさかさんぎょうろうどうしりょうかん）

06-6947-7722

閲覧席は8席。開架はコンパクトだが、書庫内には12万冊の資料がある

開館時間	10:00～17:00（第1・3金曜は～20:00）
休館日	月曜（祝日の場合は直前の土曜も休館）、日曜、祝日、夏期休館あり、10月15日、年末年始
入館料金［条件・手続き］	無料
館外貸出［条件・制限］	サポート会員のみ貸出可。一部資料は貸出不可（非会員は閲覧のみ）
書架の状態	一部開架（閉架中心）
住所	〒540-0031 大阪府大阪市中央区北浜東3-14
アクセス	地下鉄天満橋駅から徒歩5分

書庫内にある労働組合関係の内部文書類

1935年に作られた労働組合旗。事前予約があれば実物の三色旗を閲覧することができる

レファレンス・サービスの受付方法

大阪社会運動協会は、1978年の設立以来、大阪の社会運動史に関する資料を収集し『大阪社会労働運動史』（全9巻）を発行。2000年には府の委託を受け、大阪府労働情報総合プラザを運営した。しかし、2008年の財政改革により同プラザは廃止。廃棄される運命となった蔵書約1万7000冊と協会の蔵書・資料を統合し、次世代へと継承するため、多くの個人・団体の支援によって開館したのが大阪産業労働資料館（愛称エル・ライブラリー）である。

館内には、労働、労務、経営に関する図書をはじめ、白書や統計書、在阪企業の社史や労働組合史など、研究者だけではなく実務者に役立つ資料が並んでいる。また、戦前のアナキズムの社会・労働運動に関する資料や、戦後の労働組合運動の興隆を跡づける内部資料といった歴史的に貴重なものが数多くそろう。

大阪府立男女共同参画・青少年センター（ドーンセンター）情報ライブラリー

おおさかふりつだんじょきょうどうさんかく・せいしょうねんセンター（ドーンセンター）じょうほうライブラリー

06-6910-8616

ガラス面の曲線が印象的なドーンセンター外観

開館時間	9:30〜21:30（日曜、祝日は〜17:00）
休館日	月曜（祝日の場合は開館）、毎月最終火曜、特別資料整理期間、年末年始
入館料金［条件・手続き］	無料
館外貸出［条件・制限］	可
書架の状態	開架
住所	〒540-0008 大阪府大阪市中央区大手前1-3-49
アクセス	地下鉄天満橋駅から東へ約350m

幅広い資料をそろえた閲覧席の様子

展示コーナー。年間を通じてさまざまなテーマで資料を紹介

レファレンス・サービスの受付方法

開館は1994年。女性関係情報の専門情報センターとして、図書、雑誌、行政資料、視聴覚資料、ミニコミ誌などを幅広く収集。女性問題の解決と男女共同参画社会の実現に向けたさまざまな活動を情報でバックアップする。

フロア内には、テーマごとに資料を紹介するコーナーを設置し、ブックリストをホームページで公開。話題のトピックや時期に合わせた資料展示も随時開催し、男女共同参画に関する情報と出会うきっかけをつくる。

情報相談では、資料探しや調べものをサポートする。利用者からの質問のなかには、女性の生き方や悩みに関する内容も含まれるため、相談窓口など多様な情報をコーディネートして提供している。

また、「日本ウーマン・リブ史」原資料や、女性労働研究者でドーンセンター元館長の「竹中《たけなか》恵《え》美《み》子《こ》文庫」など、特別コレクションも所蔵。ニーズに合わせて案内するライブラリーツアーも行っている。

レファレンス事例　市政専門図書館

Question

市政会館に戦前期に「すいじゅんきひょう」が設置されたと聞いたが、現在も設置されているか。どのような経緯で設置されたか、またその形状を知りたい。見学することは可能か。

Answer

「すいじゅんきひょう」（水準基標）は、地域の地盤沈下量を調べるためのもので、鉄鋳物製で建物コンクリートの側面に適当な穴をあけて埋め込み、真鍮の蓋がある。市政会館には1932年から1935年にかけて東京市が設置して現存するが、この部分は東京都が管理するもので勝手に蓋をあけることはできない。また会館がテナントビルであることから、これを自由に見学することはできない。

調査方法・参考文献など

市政専門図書館OPACで「すいじゅんきひょう」をキーワードとして検索すると、「東京都内水準基標成果表」東京都土木技術研究所編、昭和27～昭和35年度の9点がヒットする。同書は、東京23区内に複数設置されたそれぞれの水準基標が、千代田区三宅坂にある水準原点と比較して過去1年～3年間にどれくらい沈下したかを明らかにしているものである。この中で市政会館には水準基標3個が設置されていると記述されている。

次に設置の経緯等の手掛かりを得るため、「地盤沈下」をキーワードとして検索することにした。というのも、筆者はこれまでに地盤沈下をテーマにした研究者の利用対応をした経験があり、地盤沈下は主に戦前期と戦後の高度成長期に工場などによる地下水汲み上げが原因かと考えられて大きな都市問題となり、その関連資料を多く所蔵していることを知っていたからである。

戦前期に限定して「地盤沈下」を検索すると図書2件、雑誌論文16件がヒットする。そのなかで北澤五郎「丸の内地盤沈下に関する二三の資料」（『建築雑誌』49（603）、1935.05.）が最も適切な資料であった。同論文では、東京の本所深川方面の地盤沈下と満潮時の浸水が問題になっているが、最近では丸の内地区の地盤沈下も著しいとして、1929年から1932年にかけての丸の内地区の測量結果が掲載されている。この段階では市政会館には水準基標は設置されていない。その後、1935年にかけて新たに日比谷・有楽町方面の三信ビル、市政会館、勧業銀行ビル、東京電燈会社ビルについてそれぞれ実測し、その結果が掲載されている。

また、宮部直巳著『地盤の沈下（科学新書3）』（河出書房、1941.03.）14p-16pでは、沈下地域の高層建築物に水準基標を設けることで地域の基準水準点の役割を果たすことができるとし、丸の内、日比谷付近ではそのような水準基標を設けた建物は5棟、水準基標は13個であるとしている。水準基標は鉄鋳物製で、真鍮の蓋があり、建物コンクリートの側面に適当な穴をあけてこれを埋め込んである。その構造について図を示して説明している。

以上の資料に基づき、本財団の建物管理担当者に確認したところ、確かに市政会館にその図のようなものが設置されているが、これは東京都が管理しているもので勝手に蓋をあけることはできない。会館がテナントビルであることから、これを自由に見学することもできないとのことである。

田村 靖広

▼水準基標の図

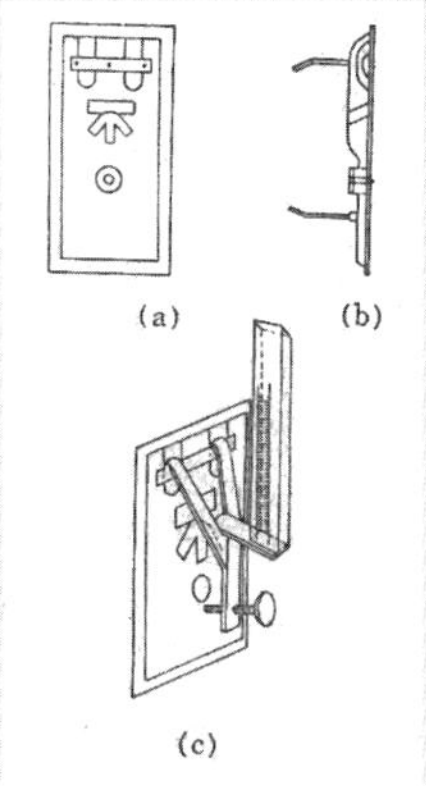

第 3 圖
建物に設置した水準點

➡市政専門図書館 p.134

6

美術

COPY OPAC

東京藝術大学附属図書館上野本館

とうきょうげいじゅつだいがくふぞくとしょかんうえのほんかん

050-5525-2428

A棟2階の大閲覧室

B棟2階開架書庫　画像提供：雁光舎（野田東徳）

開館時間	9:00～20:00（試験期間中は～21:00、土曜・授業のない期間は9:00～17:00）
休館日	日曜、祝日、2月下旬～3月上旬（入試期間中）の14日間、8月中旬は夏期休館あり、10月4日、年末年始
入館料金［条件・手続き］	無料（受付で手続き後、学外者ホルダーを着用）
館外貸出［条件・制限］	不可（閲覧のみ）
書架の状態	約半数の資料が開架
住所	〒110-8714 東京都台東区上野公園12-8
アクセス	JR上野駅から徒歩10分

エントランス外観

レファレンス・サービスの受付方法

東京藝術大学附属図書館の収集の歴史は、１８７９年の音楽取調掛、１８８５年の図画取調掛、１８８７年の東京美術学校文庫、東京音楽学校図書課、１９４９年の附属図書館発足を経て現在に至っており、蔵書点数は約37万点に上っている。

なかには岡倉《おかくら》天心《てんしん》が美術学校創設期に欧米から持ち帰った洋書群、江戸の金工家・後藤家の手控え文書、ルネサンスの古刊本を含む美術書、音楽教育黎明期の音楽取調掛資料、歌舞伎狂言本などの邦楽書、バッハやハイドンの楽譜、ベンジャミン・ブリテンの自筆譜といった多彩な貴重資料が含まれており、学内外の利用者に幅広く活用されている。

また、所蔵する貴重資料を、「東京藝術大学附属図書館デジタルコレクション」にて公開している。

東京国立博物館資料館

とうきょうこくりつはくぶつかんしりょうかん

03-3822-1111（代）

閲覧室の様子

開館時間	9:30～17:00
休館日	土・日曜、祝日、月末の平日、年末年始、その他臨時休あり
入館料金［条件・手続き］	無料（資料館のみ利用時は西門受付で手続き後、入館証ホルダーを着用。展示品観覧時は東門受付にてバッジを受け取り着用。荷物の持込制限あり）
館外貸出［条件・制限］	不可（閲覧のみ）
書架の状態	一部開架（閉架中心）
住所	〒110-8712 東京都台東区上野公園13-9
アクセス	JR上野駅から徒歩10分

閲覧室内にある写真キャビネット（写真奥）

丸山応挙筆『写生帖』の大型写真（写真カード）

レファレンス・サービスの受付方法

東京国立博物館が収集・保管してきた図書や写真などの学術資料を、研究者を中心に公開する施設として、1984年に開館した資料館。

日本・東洋の美術、工芸、歴史、考古分野を中心に、和・漢・洋書、展覧会カタログ、埋蔵文化財の発掘調査報告書ほか、ウィーン万国博覧会・内国勧業博覧会の資料といった東京国立博物館の創立とかかわりの深い文献など、図書約27万冊、雑誌約7000タイトルを所蔵。写真資料は、博物館の館蔵品を中心とした文化財の写真原板およびデジタル画像約41万件を収蔵している。デジタル化した資料はインターネットで公開しているほか、焼付写真を貼付したカードを閲覧室のキャビネットに配架。

現在は広く一般の利用にも供しており、資料の閲覧のほか、複写やレファレンス・サービスも実施している。

東京都

近現代美術の貴重な資料を所蔵

国立新美術館アートライブラリー／アートライブラリー別館閲覧室

こくりつしんびじゅつかんアートライブラリー／アートライブラリーべっかんえつらんしつ

03-5777-8600（ハローダイヤル）

開館時間	11:00～18:00
休館日	アートライブラリーは火曜（祝日の場合は開室、アートライブラリー別館閲覧室は火・土・日曜、祝日）、特別整理期間、年末年始、美術館の休館に準じた臨時休
入館料金［条件・手続き］	無料（アートライブラリー別館閲覧室利用時はアートライブラリーにて受付が必要。アートライブラリー別館閲覧室の一部資料は要予約）※詳細はホームページ参照
館外貸出［条件・制限］	不可（閲覧のみ）
書架の状態	一部開架（閉架中心）
住所	〒106-8558　東京都港区六本木7-22-2
アクセス	地下鉄乃木坂駅直結

閲覧席は33席。年間約3万人が訪れる

六本木の国立新美術館3階にある美術に関する専門図書室。かつて赤坂にあったアートカタログライブラリーから移管された約2万点のコレクションを基に、日本で刊行された展覧会カタログを網羅的に収集。その他、国内外の近現代美術に関する図書や雑誌を配架している。別館閲覧室では、マイクロ資料や復刻版等のより専門性の高い資料を収蔵。

レファレンス・サービスの受付方法

東京都

西洋美術史研究の振興に資する資料センター

国立西洋美術館研究資料センター

こくりつせいようびじゅつかんけんきゅうしりょうセンター

03-3828-5190

開館時間	10:00～17:00
休館日	月・水・土・日曜、祝日、特別整理期間、年末年始
入館料金［条件・手続き］	無料（予約制。利用は原則として美術館・博物館職員、大学教員および研究機関・図書館等の職員、大学院生、その他館長が認めた者に限る。非該当者でも、研究に必要な資料が当館にのみ所蔵されている場合は要問合せ）
館外貸出［条件・制限］	不可（閲覧のみ）
書架の状態	一部開架（閉架中心）
住所	〒110-0007　東京都台東区上野公園7-7
アクセス	JR上野駅からすぐ

出納された資料は、閲覧室でゆったりと鑑賞できる

国立西洋美術館の作品調査・展覧会事業推進のために設置された図書室を前身とする。中世末期から20世紀前半までの西洋美術を主軸に、美術館所蔵品目録や展覧会カタログ、カタログ・レゾネ（全作品目録）等を含む図書5万2000冊、逐次刊行物3100誌を所蔵する。オンライン学術情報資源の売立目録集成、美術品画像データベースを利用できる国内で数少ない機関。

レファレンス・サービスの受付方法

東京都　北斎ゆかりの地で浮世絵を学ぶ

すみだ北斎美術館図書室

すみだほくさいびじゅつかんとしょしつ

03-6658-8931

開館時間	9:30～17:30
休館日	月曜(美術館の休館に準じる)
入館料金［条件・手続き］	無料
館外貸出［条件・制限］	不可(閲覧のみ)
書架の状態	一部開架(閉架中心)
住所	〒130-0014　東京都墨田区亀沢2-7-2
アクセス	地下鉄両国駅から徒歩5分

葛飾北斎や浮世絵関連の資料が並ぶ図書室内

葛飾北斎《かつしかほくさい》を中心とした浮世絵に関する図書資料を収集、保存している専門図書室。広く一般に無料で公開されており、美術館で開催中の企画展に沿った関連図書コーナーをはじめ、貴重書や複製本の展示も行っている。所蔵コレクションのなかには著名な美術史家らの旧蔵資料もあり、一般図書資料と同様に閲覧することができる。

レファレンス・サービスの受付方法

東京都　世田谷ゆかりの作家資料が充実

世田谷美術館アートライブラリー

せたがやびじゅつかんアートライブラリー

03-3415-6011

開館時間	10:00～18:00(入室は～17:45)
休館日	美術館の休館に準じる、特別整理期間
入館料金［条件・手続き］	無料
館外貸出［条件・制限］	不可(閲覧のみ)
書架の状態	一部開架(閉架中心)
住所	〒157-0075　東京都世田谷区砧公園1-2
アクセス	東急田園都市線用賀駅から徒歩17分

ゆっくり資料と向き合える、開放感のある閲覧室

世田谷美術館に併設された美術専門図書室。展覧会図録や、美術に関する図書・雑誌など約2500冊を自由に閲覧することができる。世田谷ゆかりの作家や、館が収蔵する素朴派をはじめ、国内外の近現代作家の資料を積極的に収集・保存している。また、開催中の展覧会に合わせた関連図書コーナーを設け、展覧会をより楽しむことができるよう工夫している。

レファレンス・サービスの受付方法

東京都現代美術館美術図書室

とうきょうとげんだいびじゅつかんびじゅつとしょしつ

📞03-5245-4111

2019年3月にリニューアルし、書架やデスクなど什器を一新した閲覧室内の様子

開館時間	10:00～18:00
休館日	月曜（祝日の場合は翌平日）、展示替え期間、年末年始
入館料金［条件・手続き］	無料
館外貸出［条件・制限］	不可（閲覧のみ）
書架の状態	一部開架（閉架中心）
住所	〒135-0022　東京都江東区三好4-1-1
アクセス	地下鉄清澄白河駅から徒歩9分

新しく設置された「こどもとしょしつ」。天井吹き抜けの明るい空間で、親子で読書が楽しめる

閲覧室入口エリア。大きな窓に面した開放的な空間で新着資料や雑誌が閲覧できる

写真は3点ともKenta Hasegawa

レファレンス・サービスの受付方法

東京都現代美術館内にある、美術に関する専門図書室。東京都美術館美術図書室（1976～1995年）の資料を引き継ぎ、近現代の美術に関する図書・展覧会カタログや美術雑誌等を収集保存し、広く一般に公開している。

総冊数は約27万冊で、カタログ・レゾネ（作家別全作品目録）、国内美術館収蔵品目録、創作版画誌、戦前の美術雑誌、美術作家や研究者の旧蔵資料を中心とした特別文庫など、特色ある資料を所蔵している。子ども向けの美術資料の収集にも力を入れており、2019年に施設内に「こどもとしょしつ」を設置。現代美術家がたずさわった本、開催中の展覧会に関連した子ども向けの本など、美術に親しむきっかけとなるような資料をそろえている。

貴重資料のデジタル化にも取り組み、閲覧室内のメディアブースで画像を公開。一部はインターネット上で見ることもできる。

東京都写真美術館図書室

とうきょうとしゃしんびじゅつかんとしょしつ

03-3280-0099

座り心地のよいソファーや大きな机でゆったりと資料を閲覧できるほか、研究・調査用にキャレル席もある

開館時間	10:00〜18:00
休館日	月曜(祝日の場合は翌日)、特別整理期間、年末年始
入館料金［条件・手続き］	無料
館外貸出［条件・制限］	不可(閲覧のみ)
書架の状態	一部開架(閉架中心)
住所	〒153-0062 東京都目黒区三田1-13-3 恵比寿ガーデンプレイス内
アクセス	JR山手線恵比寿駅から徒歩7分

写真、映像、アートに関する国内外の雑誌、約1800タイトルを所蔵

展覧会ごとにコーナーが設置され、訪れるたびに新たな本との出会いがある書架

レファレンス・サービスの受付方法

東京都写真美術館が総合開館した1995年、美術館4階に開室した写真と映像の専門図書室。

所蔵資料は、国内外で出版された写真集を中心に展覧会カタログ、写真評論、写真史、映像史、写真技法、美術に関する図書、専門雑誌のバックナンバー、写真や映像関係のチラシなど多岐にわたり、その数は11万冊を超える。

図書室の資料も美術館コレクションの一部であるという考えのもと、保存への配慮から館外貸出は行わず、ほとんどの資料を温湿度が一定に保たれた閉架書庫に収蔵している。利用者は、コンピューターで検索後にカウンターで申し込めば、図書室内で閲覧することができる。

また、美術館に併設された図書室ならではの特色として、開催中の展覧会にちなんだ資料を並べた関連図書コーナーを設置している。

東京都

国内外の美術関連資料を広く収集・公開

東京国立近代美術館アートライブラリ

とうきょうこくりつきんだいびじゅつかんアートライブラリ

03-3214-2561

開館時間	10:30～17:00
休館日	月・日曜、祝日、図書整理期間、美術館の休館に準じた臨時休あり
入館料金［条件・手続き］	無料（「第Ⅱ閉架」「貴重書庫」保管資料の閲覧は要事前申請）
館外貸出［条件・制限］	不可（閲覧のみ）
書架の状態	一部開架（閉架中心）
住所	〒102-8322　東京都千代田区北の丸公園3-1
アクセス	地下鉄竹橋駅から徒歩3分

閲覧室内の様子　写真：上野則宏

近現代美術関連の資料を所蔵する専門図書館として2002年に開室。国内外の美術関連図書、展覧会カタログ、画集、写真集、カタログ・レゾネなどを収集、公開している。特殊コレクションの藤《ふじ》田《た》嗣治《つぐはる》旧蔵書、岸《きし》田《だ》劉生《りゅうせい》資料などの貴重書も所蔵（要事前予約）。

レファレンス・サービスの受付方法

東京都

過去の展覧会や館の歴史に関する資料も充実

東京都美術館美術情報室

とうきょうとびじゅつかんびじゅつじょうほうしつ

03-3823-6921（代）

開館時間	10:00～17:00（閉架資料の閲覧・複写申請は～16:30、美術館は9:30～17:30）
休館日	第1・3月曜（祝日の場合は翌日）、整備期間、美術館の休館に準じた臨時休あり
入館料金［条件・手続き］	無料
館外貸出［条件・制限］	不可（閲覧のみ）
書架の状態	一部開架（閉架中心）
住所	〒110-0007　東京都台東区上野公園8-36
アクセス	JR上野駅から徒歩7分

落ち着いた空間の美術情報室　画像提供：©東京都美術館

1976年に、日本で最初の「美術館における本格的な公開制図書室」として開設。東京都現代美術館へ蔵書を移管した後も、図書や雑誌の収集・公開を継続し、2012年の東京都美術館のリニューアルに伴い「美術情報室」へと改称。蔵書の中心は国内で刊行された主要な美術書、国内の美術展や芸術祭の図録、東京都美術館主催の企画展・特別展の関連資料などである。

レファレンス・サービスの受付方法

東京都

文化遺産や美術に関する資料をそろえる

東京文化財研究所資料閲覧室

とうきょうぶんかざいけんきゅうじょしりょうえつらんしつ

03-3823-2441

開館時間	10:00～17:00
休館日	火・木・土・日曜、祝日、年末年始、その他臨時休あり
入館料金［条件・手続き］	無料（利用は原則として調査研究または学術・文化・教育事業のために資料を活用する者のみ。初回利用時は身分証明書を提示。学部生は所属大学図書館の紹介状が必要）
館外貸出［条件・制限］	不可（閲覧のみ）
書架の状態	一部開架（閉架中心）
住所	〒110-8713　東京都台東区上野公園13-43
アクセス	JR山手線鶯谷駅から徒歩10分

閲覧用デスクは12席ほど

人々の多様な社会活動の文化的所産である美術工芸品や歴史的な建造物、近代の文化遺産などの有形文化財に加え、伝統的な音楽芸能、地域の生産技術を含めた無形の文化財といった各分野で基礎的、実践的な調査研究を進めている東京文化財研究所。資料閲覧室では、研究所の各研究部門が所蔵する図書・雑誌・展覧会図録・写真資料などを閲覧することができる。

レファレンス・サービスの受付方法

東京都

国内唯一の、書道に関する専門図書館

毎日書道図書館

まいにちしょどうとしょかん

03-3286-0773

開館時間	11:00～17:00
休館日	月・水・金・日曜、祝日、第2～5土曜
入館料金［条件・手続き］	200円（学生・毎日書道展関係者は入館無料）
館外貸出［条件・制限］	不可（閲覧のみ）
書架の状態	一部開架（閉架中心）
住所	〒100-8051 東京都千代田区一ツ橋1-1-1 パレスサイドビル　1階
アクセス	地下鉄竹橋駅1b出口直結

貴重な書道資料でデコレーションされている外観

国内最大の公募展・毎日書道展の60周年を記念して、2009年春に開館した日本初の書道専門図書館。広く書道界に貢献するため、字書・字典、書道全集、諸法帖、書写・書道教育に関する豊富な蔵書や、会派を超えた資料、さらに『墨美』『書苑』『墨』などの書道雑誌のバックナンバーをそろえているのが特色である。昭和初期に印刷された巻子本など貴重な資料も閲覧できる。

レファレンス・サービスの受付方法

日本カメラ博物館JCIIライブラリー

にほんカメラはくぶつかんジェイシーアイアイライブラリー

03-3263-7111

閲覧室内部。ほとんどの資料は書庫にあるが、新着写真雑誌の一部は自由に閲覧できる

日本の主要写真雑誌は創刊号から最新号・最終号までそろって所蔵しているものも多い

開館時間	10:00〜17:00(出納は〜16:30)
休館日	土・日曜、祝日、年末年始
入館料金［条件・手続き］	無料(利用は原則として18歳以上のみ。初回利用時は身分証明書を提示)
館外貸出［条件・制限］	不可(閲覧のみ)
書架の状態	一部開架(閉架中心)
住所	〒102-0082 東京都千代田区一番町25　JCIIビル
アクセス	地下鉄半蔵門駅からすぐ

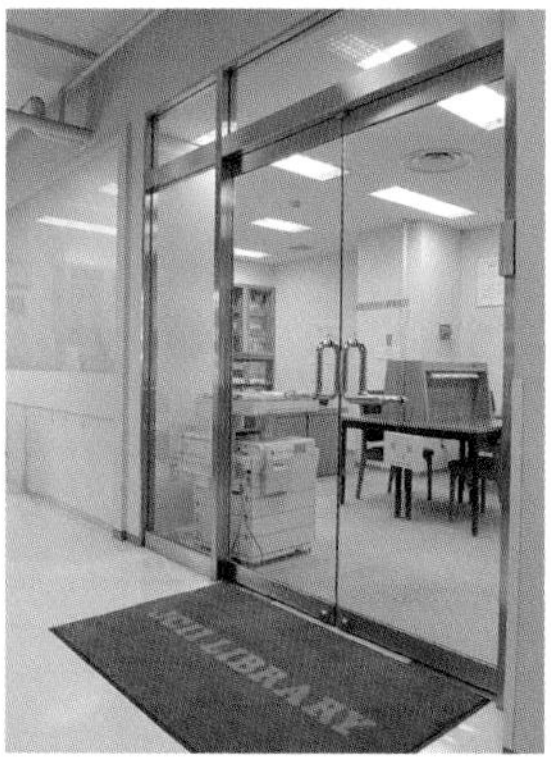

日本カメラ博物館JCIIライブラリーの入り口。閲覧室はJCIIビルの地下1階にある

レファレンス・サービスの受付方法

日本カメラ博物館の併設施設として、1991年に設立されたカメラと写真の専門図書館。

　現在、図書約4万3600冊、雑誌タイトル約1400誌を所蔵している。分野は、光学機器メーカー社史、業界沿革、撮影技法、カメラ・写真史、写真集等。『アサヒカメラ』『日本カメラ』をはじめとした日本の主要な写真雑誌を創刊号から所蔵。欠号は少なく、現物で閲覧することができる。またカメラ・写真史で重要な意義を持つ文献として『ダゲレオタイプ解説書』を保管。特別コレクションには「名取文庫」（戦中戦後のグラフ雑誌）もある（一般非公開）。所蔵資料は公式ホームページの蔵書検索サービスから検索することができる。

　不定期で開催している所蔵資料による展覧会には、カメラ初心者からベテランまで多くの人が訪れる。

明治大学米沢嘉博記念図書館

めいじだいがくよねざわよしひろきねんとしょかん

03-3296-4554

1階展示室は会員登録なしで観覧可能

2階閲覧室の様子。マンガ単行本やアニメ雑誌を読むことができる

開館時間	14:00～20:00 （土・日曜、祝日は12:00～18:00）
休館日	火～木曜、特別整理期間、年末年始
入館料金 ［条件・手続き］	300円（1日会員。1カ月会員は2000円、1年間有効の一般会員は6000円。価格はすべて税別。明治大学学生・教員は無料。利用は18歳以上のみ。身分証明書を提示）
館外貸出 ［条件・制限］	不可（閲覧のみ）
書架の状態	一部開架（閉架中心）
住所	〒101-8301 東京都千代田区神田猿楽町1-7-1
アクセス	JR中央線御茶ノ水駅から徒歩7分

本の街・神保町にもほど近い場所に建つ図書館

レファレンス・サービスの受付方法

マンガ評論家であり、コミックマーケット準備会前代表の故・米沢嘉博氏の資料約14万冊の寄贈を受け、2009年に開館。マンガ研究者やマンガファン、明治大学の学生、近隣の神保町古書店街から本好きが来館する専門図書館で、現在はおよそ10万冊を公開している。

マンガ単行本、マンガ雑誌、アニメ誌、サブカルチャー（SF、映画、音楽）雑誌ほか、米沢氏が所有していた同人誌など貴重な資料も多数所蔵。蔵書類の多くはバーコードや分類シールなどを貼らず、1冊ずつ袋に入れて管理しているため、表紙、背表紙、裏表紙を発行当時の状態のまま見ることができる。

1階展示室では年に3回の独自企画展を行っており、開催時には2階の専用コーナーで関連資料を展開している。

神奈川県

展覧会の余韻をゆったり味わえる図書室

神奈川県立近代美術館美術図書室

かながわけんりつきんだいびじゅつかんびじゅつとしょしつ

046-875-2800

開館時間	9:30〜17:00
休館日	月曜(祝日の場合は開館)、展示替え期間、年末年始
入館料金[条件・手続き]	無料
館外貸出[条件・制限]	不可(閲覧のみ)
書架の状態	一部開架(閉架中心)
住所	〒240-0111 神奈川県三浦郡葉山町一色2208-1
アクセス	JR横須賀線逗子駅から京急バス海岸回り葉山方面行きで20分、三ケ丘・神奈川県立近代美術館前下車すぐ

アルヴァ・アアルトの椅子でゆっくり閲覧できる

「神奈川県立近代美術館　葉山」の開館時に開室。閲覧スペースには、自館開催の展覧会に関連した資料やカタログ、近年の国内他館の展覧会資料、子ども向けの絵本などを含む美術関係図書・雑誌があり、自由に手に取ることができる。特別コレクションには山口蓬春《やまぐちほうしゅん》をはじめとした芸術家や美術史家の旧蔵書を保管している(利用時は要問合せ)。

レファレンス・サービスの受付方法

愛知県

芸術に関する資料を広範囲に収集

愛知芸術文化センター愛知県文化情報センターアートライブラリー

あいちげいじゅつぶんかセンターあいちけんぶんかじょうほうセンターアートライブラリー

052-971-5511

開館時間	10:00〜19:00(土・日曜、祝日は〜18:00)
休館日	月曜、第3火曜(祝日の場合は翌平日)、整理期間、年末年始
入館料金[条件・手続き]	無料
館外貸出[条件・制限]	可(身分証明書を提示。一部資料は貸出不可)
書架の状態	開架
住所	〒461-8525 愛知県名古屋市東区東桜1-13-2
アクセス	名鉄瀬戸線栄町駅からすぐ

芸術に関する和雑誌・洋雑誌が並ぶ館内

芸術に関する資料がそろう専門図書館。美術、音楽、演劇関連の図書や雑誌、展覧会カタログ、楽譜のほか、クラシックを中心としたCDやレコード盤、オペラなどの映像資料も収集。またオーディオやビデオの視聴、資料検索コーナー等の設備も整う。蔵書14万点のなかには、西洋美術に関する海外の文献約2万2000冊を集めたタリカコレクションなどの貴重な資料も。

レファレンス・サービスの受付方法

INTERVIEW

学校現場の専門図書館利用事例

東京大学教育学部附属中等教育学校

国語科・司書教諭　勝亦《かつまた》あき子さん

中高一貫教育の6年間に、自ら課題を設定し、調査・研究し、卒業研究を作り上げるまで

本校では、在籍している6年間の中で、総合的な学習を通して、教科の学習だけでは得られない幅広い体験ができるようカリキュラムを組んでいます。

1・2年生（中1・中2）「総合学習入門」

体験的な活動を通して情報の扱い方や「学び方」を学び、演劇や伝統芸能などの芸術を通して表現力も磨きます。

3・4年生（中3・高1）「課題別学習」

農業や技術、芸術やスポーツ、社会的な問題に根ざした講座の中から、自分が興味・関心を持った講座を選択し、体験活動や校外活動も積極的に行いながら1つのテーマについて1年間学び続けます。異学年が共に学び合う中で、個々の生徒の問題意識が形作られていきます。

5・6年生（高2・高3）「卒業研究」

自ら探究テーマを設定し、今まで培ってきた手法を土台に自分の力で調査を進め、1年半をかけて16,000字にまとめます。卒業研究から生徒が自分の将来につながるヒントを得ることもしばしばです。

専門図書館の情報をファイリング

司書教諭の私は、学校司書に、2019年度の図書館総合展で集めた専門図書館のパンフレットのファイリングを依頼し、学校図書館に置いて今後の活用につなげられたらと考えております。また、本校図書館担当者の打ち合わせの中で、『図書館雑誌2020年6月号』の「特集 児童・生徒の学びをサポート! 博物館図書室」を参考にしていこうと話しているところです。

課題別学習、卒業研究での利用事例

私は、3・4年生（中3・高1）の課題別学習で共生の理念を学ぶ「アクセシブルデザインをつくろう」という講座を担当し、障害者との交流や交通バリアフリーのフィールドワークなどを行っています。2020年度は点字を詳しく学びたいという生徒もおり、点字図書館の見学を依頼しようと考えています。

また、課題別学習「総合芸術から学ぶ表現の世界III」では、昨年度、生徒と教員が新国立劇場情報センター閲覧室［➡p.117下］に出かけて上演作品のプログラムや記録を調べ、観たい作品のプレゼンテーションと投票を行い、その後再び新国立劇場に出かけ、投票を集めた作品をミニシアターで鑑賞したそうです。

では、卒業研究での活用はどうでしょうか。

私は以前、課題別学習で生徒を引率し、東京都庁内の「都民情報ルーム」に出かけたことがありました。その時、職員の方から、本校生徒が卒業研究のために毎月利用していたことを聞きました。

また、現在担任している6年生（高3）には、特別な許可を得て教科書図書館［➡p.84下］に1週間通いつめて調査を行った生徒もいるようです。

ヒアリングの結果から、専門図書館の存在を知る教員が多く、学校が恵まれた立地にあることが、専門図書館活用につながっていると推測されました。

質・量ともに一般の図書館やインターネット上の情報を上回る情報を持つ専門図書館は、探究的な学びを支える上でなくてはならない重要な学びの拠点であると考えております。

神奈川県

多彩な美術資料をさまざまなメディアで提供

横浜美術館美術情報センター

よこはまびじゅつかんびじゅつじょうほうセンター

045-221-0316

美術情報センター内の様子　©加藤健

開館時間	10:00〜18:00
休館日	木曜、特別整理期間、年末年始
入館料金［条件・手続き］	無料
館外貸出［条件・制限］	不可（閲覧のみ）
書架の状態	一部開架（閉架中心）
住所	〒220-0012 神奈川県横浜市西区みなとみらい3-4-1
アクセス	みなとみらい線みなとみらい駅から徒歩5分

※2021年3月より改修工事のため長期休館予定。
掲載情報は2020年5月現在のものとなります。

ガラスケース内・特別資料の展示が行われている　©加藤健

美術に関する資料が並ぶ書架　©加藤健

レファレンス・サービスの受付方法

1989年に開館した横浜美術館。その3階にある美術情報センターでは、豊富な資料を広く一般に公開している。

約11万冊の図書資料と約580タイトルの映像資料（開架式書庫と閉架式書庫の蔵書を合わせた数）を、無料で閲覧することができる。辞典類や新着雑誌をはじめ、美術館および研究機関の刊行物、国内外の展覧会カタログなど、美術に関する資料を豊富にそろえているため、ニーズに応じた利用が可能である。備え付けの端末を使えば、情報センターが所蔵している資料全般と、横浜美術館コレクション、他の美術図書館や公立図書館の蔵書および展覧会情報などが調べられる。

横浜美術館で開催中の展覧会に関連した図書や、貴重な書籍を紹介するコーナーも設けており、訪れるたびに新しい発見がある。

広島市まんが図書館

ひろしましまんがとしょかん

082-261-0330

閲覧室のまんがは、作者（画家）のあいうえお順に並ぶ

広島にゆかりのある漫画家や広島が舞台のまんがを集めた「広島コーナー」

開館時間	10:00〜17:00
休館日	月曜（祝日の場合は開館、月曜が8月6日の場合は開館）、祝日の翌日（月・土・日曜の場合は翌平日）、奇数月の末日（月・土・日曜の場合は直前の金曜）、特別整理期間、年末年始
入館料金［条件・手続き］	無料
館外貸出［条件・制限］	広島市内在住・在勤・在学者、広島広域都市圏在住者のみ貸出可（非該当者は閲覧のみ）
書架の状態	一部開架（閉架中心）
住所	〒732-0815 広島県広島市南区比治山公園1-4
アクセス	JR広島駅から広島電鉄比治山下経由広島港行きで10分、比治山下電停下車、徒歩10分

広島市まんが図書館のキャラクター「マッピー」

レファレンス・サービスの受付方法

緑に囲まれた公園内で気軽に読書を楽しめるようにと、1983年に開館した比治山公園青空図書館。1997年に「まんが」に特化した図書館として改装し、広島市まんが図書館が誕生した。市の図書館であると同時に、観光地としての役割も担う施設である。

全国で唯一のまんがを専門とした公立図書館であり、時代を代表するまんがや代表的なまんが雑誌、まんが文化論、まんが史論などの図書資料、絵巻物、戯画、風刺画といった歴史的資料など、まんがに関する文献を体系的に収集、保存。蔵書数は約15万4000冊で、カウンターで手続きをすれば、まんがを持ち出して公園内での読書を楽しむことができる（一部の資料を除く）。

また展示や講座などの各種イベントを開催し、まんが文化の向上を目指す。

レファレンス事例　石川武美記念図書館

Question

大正期以降の日本における女性の髪型の変遷がわかる資料を探したい。

Answer

『主婦の友』をはじめ、『婦人画報』『婦女界』『婦人倶楽部』等の大正期の女性雑誌、それらの雑誌を含む約780誌の「目次コピーファイル」、日本髪の結い方を扱う『すがた』、洋髪の紹介記事を掲載する『ハリウッド美容大学講座』を案内した。また、合わせて女性の生活風俗に関連する図書も紹介した。

調査方法・参考文献など

この事例では、まず雑誌『主婦の友』の本誌および同誌の「表紙絵ファイル」を紹介した。

雑誌『主婦の友』が創刊された大正6（1917）年3月から平成20（2008）年6月の休刊までの約90年間、同誌の表紙には、各時代を代表する画家が描いた美人画と、昭和39年からはスター女優の写真が掲載されている。

「表紙絵ファイル」とは、これらの表紙のカラー写真約910枚に各表紙の関連情報（画家名・モデル名・女優名・服装の特徴等）を付記した自館作成のファイルである。大正から平成に至る女性の髪型・化粧・服装の変遷をビジュアルで眺めることができる格好の資料として利用されている。

次に紹介した資料は、『婦人画報』『婦女界』『婦人倶楽部』といった、すでに大正期に発行されていた女性雑誌である。合わせて、これらの雑誌の「目次コピーファイル」を案内した。このファイルは所蔵雑誌の目次だけを自館でコピーしたものである。『婦人公論』『アンアン』『ノンノ』といった利用頻度の高いものをはじめ、当館が所蔵する雑誌の半数近い約780誌の「目次コピーファイル」を作成し、毎月更新している。また『主婦の友』に関しては、大正6年から昭和30年までの目次ページだけを当館がカラーで復刻出版した4冊本も提供した。これらのファイルや復刻本によって、記事を検索するだけでなく、時代の流れに沿って各雑誌の目次を見ていきながら、衣食住の変化や流行、社会情勢の移り変わりなどの情報を得ることができる。

さらに、大正期の『主婦の友』に関しては、当館が作成した「『主婦の友』検索システム大正編」を薦めた。この検索システムはすべての記事・広告をデータベース化したものである。「日本髪」「洋髪」「髷」といったキーワードをもとに、該当する記事や広告を掲載する年月号に辿り着くことができる。

このほかに、『すがた』（東京すがた社。当館所蔵は昭和期前半）と『ハリウッド美容大学講座』（ハリウッド株式会社。当館所蔵は昭和30年代前半）を紹介した。前者には日本髪が、後者には洋髪の紹介記事が掲載されている。

また当館では、雑誌だけでなく、女性の生活風俗に関連する図書も所蔵していることから、雑誌とともにテーマに沿った図書も案内した。

石川武美記念図書館

▲『主婦の友』創刊号 1917.3

▲『主婦の友』1924.4

➡石川武美記念図書館 p.114

7

音楽・演劇・映画・メディア

東京都　近現代の日本の女性雑誌を数多く所蔵

石川武美記念図書館（近代女性雑誌ライブラリー）

いしかわたけよしきねんとしょかん（きんだいじょせいざっしライブラリー）

03-3294-2266

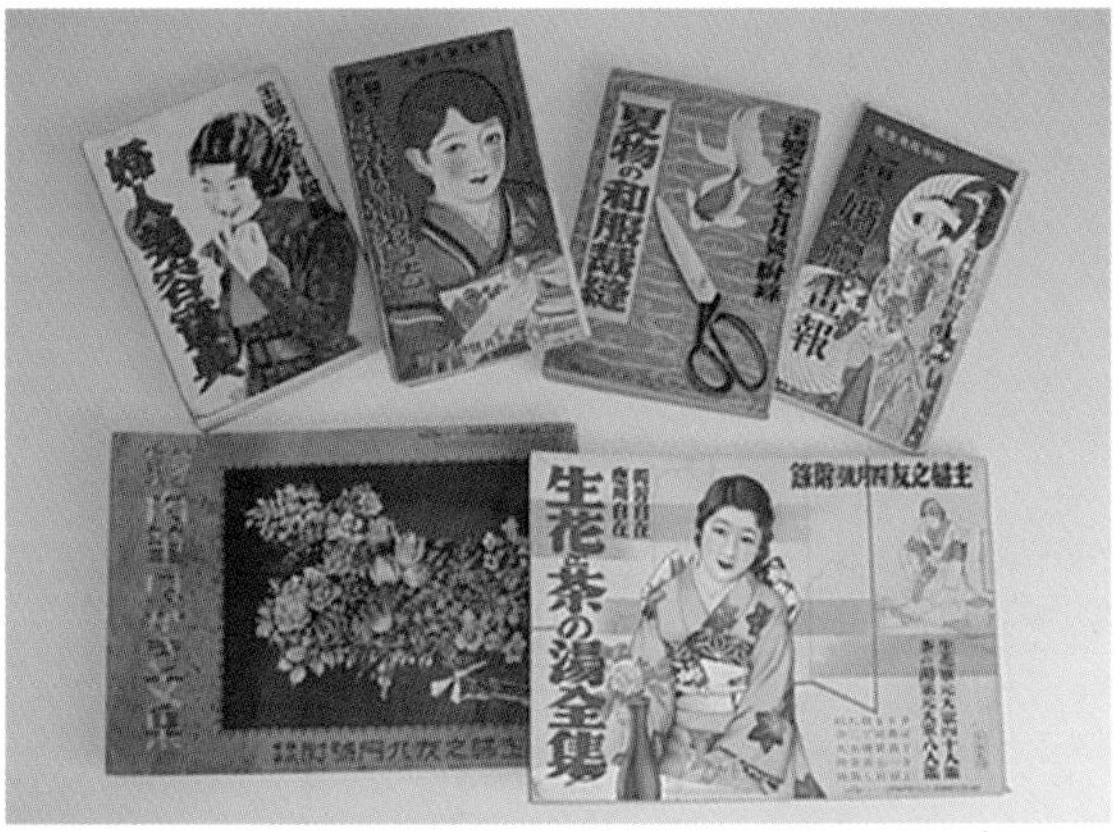

昭和30年代までの女性雑誌を重点的に収集。『主婦の友』付録はほとんど所蔵している

『主婦の友』は1917年の創刊号から2008年の休刊まで全号がそろい、手にとって利用できる

開館時間	10:00〜17:00（入館は〜16:30）
休館日	木・日曜、祝日、第1月曜、年度末館内整理期間、年末年始
入館料金［条件・手続き］	1回300円（利用は原則として18歳以上のみ）
館外貸出［条件・制限］	可（雑誌は不可・図書のみ可。身分証明書を提示）
書架の状態	一部開架（閉架中心）
住所	〒101-0062 東京都千代田区神田駿河台2-9
アクセス	JR中央線御茶ノ水駅から徒歩5分

交通の利便性のある東京・御茶ノ水にあり、雑誌の閲覧に国内外から研究者が訪れる

レファレンス・サービスの受付方法

近代女性雑誌ライブラリーと、成簣堂《せいきどう》文庫の2部門から成る図書館。雑誌『主婦の友』を創刊した石川武美が、女性の生活文化の向上と家庭の幸福を願う理念から、1947年に女性専用の私立図書館として「お茶の水図書館」を開設。開館から56年を経た2003年に専門図書館へと転身を図り、男性利用者にも門戸を開き、2013年には現名称へ。

日本の女性雑誌を蔵書の核とする近代女性雑誌ライブラリーは、明治期以降の雑誌約1340誌（うち洋雑誌約30誌）、図書約2万冊を所蔵。全国各地や海外から研究者を迎えている。

成簣堂文庫では古典籍・古文書を所蔵しており、約10万点にも及ぶ膨大な資料は、石川が親交のあった徳富蘇峰《とくとみそほう》から一括購入したもの。ほかに佐佐木信綱《ささきのぶつな》旧蔵の万葉集関連資料も充実している。同文庫の閲覧は事前予約制・有料。

⬇レファレンス事例 112ページ

印刷博物館ライブラリー

いんさつはくぶつかんライブラリー

03-5840-2300

ライブラリーカウンター。閲覧受付・レファレンス申し込みはこちらで受け付ける

開館時間	10:00～18:00
休館日	月曜（祝日の場合は翌日）、P&Pギャラリー休室期間
入館料金［条件・手続き］	無料
館外貸出［条件・制限］	不可（閲覧のみ）
書架の状態	一部開架（閉架中心）
住所	〒112-8531 東京都文京区水道1-3-3 トッパン小石川ビル
アクセス	地下鉄江戸川橋駅から徒歩8分

閉架式書庫内部の様子。独自分類をはじめとした4種の分類によって整理された書籍・雑誌が並ぶ

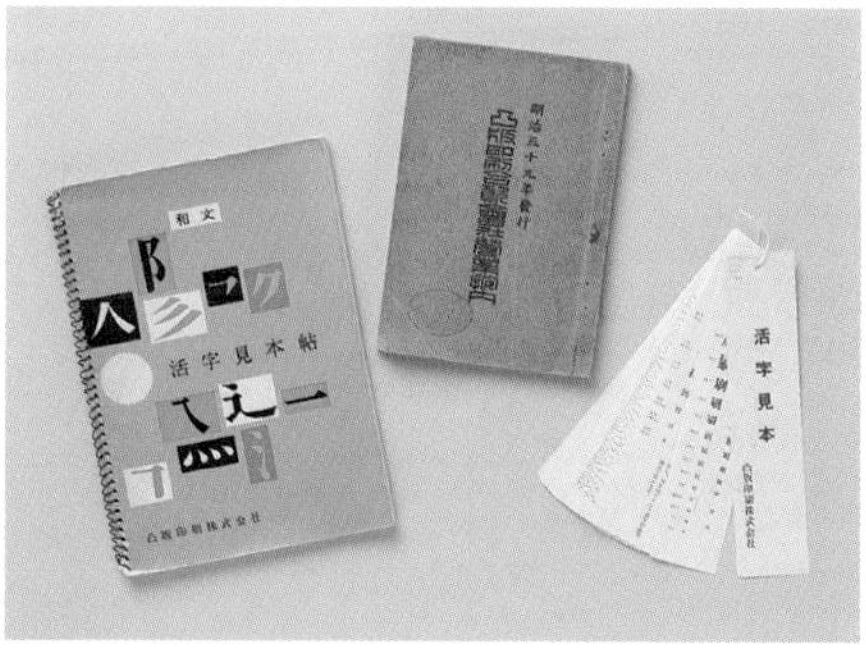

活字見本帳。印刷の専門図書館ならではともいえる活字見本帳も所蔵している。各印刷会社の営業案内見本なども収集

レファレンス・サービスの受付方法

2000年、凸版印刷株式会社の創立100周年記念事業の一環として、印刷を総合的に扱った本格的な博物館が開館された。館内にあるライブラリーは、国内外の印刷関連図書や雑誌を広く一般に開放した専門図書館となっている。

蔵書構成は、印刷およびその関連分野を中心に約7万冊を数え、収集分野は印刷全般、出版、広告、文字、活字、アート&デザイン、版画、インキ、紙、製本、書誌学、印刷物や展示資料関連、社史・団体史など多岐にわたる。業界誌や印刷見本帳といった印刷専門図書館ならではの資料はもちろん、図書・印刷をモチーフにした小説も収集対象となっている。

また、印刷という幅広い分野を収集対象としているため、ライブラリー独自の分類を使用している点にも注目したい。

東京都

保存の難しい大衆誌や女性週刊誌も収蔵

COPY OPAC

大宅壮一文庫

おおやそういちぶんこ

📞03-3303-2000

開館時間	10:00〜18:00(閲覧請求は〜17:15)
休館日	日曜、祝日、年末年始
入館料金［条件・手続き］	500円(閲覧15冊まで。追加閲覧料は10冊100円、1日最大105冊まで)
館外貸出［条件・制限］	不可(閲覧のみ)
書架の状態	閉架
住所	〒156-0056 東京都世田谷区八幡山3-10-20
アクセス	京王線八幡山駅から徒歩8分

レファレンス・サービスの受付方法

現在では1万2000種類、80万冊の雑誌を所蔵

「マスコミ帝王」と呼ばれた評論家の大宅壮一は、読み終えれば捨てられてしまう雑誌に価値を見出し「雑草文庫」と自ら称した個人資料室を構えていた。「民衆の図書館を作りたい」と語っていた大宅が亡くなったとき、蔵書20万冊のうち17万冊が雑誌だった。それらを受け継ぎ、逝去から半年後には財団法人大宅文庫が発足。日本で最初の雑誌図書館が設立された。

➡インタビュー記事 129ページ

東京都

児童書から専門書まで、紙関連資料がそろう

COPY OPAC

紙の博物館図書室

かみのはくぶつかんとしょしつ

📞03-3916-2320

開館時間	10:00〜12:00、13:00〜17:00
休館日	火・水曜、博物館の休館に準じた臨時休あり、その他臨時休あり
入館料金［条件・手続き］	無料(利用には博物館への入館料大人400円、小・中・高校生200円が必要)
館外貸出［条件・制限］	不可(閲覧のみ)
書架の状態	開架
住所	〒114-0002　東京都北区王子1-1-3
アクセス	JR京浜東北線王子駅から徒歩5分

レファレンス・サービスの受付方法

紙に関する外国語図書は、約1300冊所蔵

紙の博物館は、日本の伝統的な「和紙」、近代日本の経済発展を支えた「洋紙」の両面から、紙の歴史、文化、産業を紹介する世界でも数少ない紙専門の総合博物館。図書室では、紙、パルプ、製紙業、和紙およびその周辺分野の図書約1万5000冊、雑誌約600タイトルを所蔵。特徴的なコレクションには、和・洋紙の見本帖、紙関連分野の業界新聞や専門誌などがある。

東京都

国際映画祭の関係者も訪れる施設

川喜多記念映画文化財団

かわきたきねんえいがぶんかざいだん

03-3265-3281

開館時間	13:00～17:00(毎月最終金曜は～15:00)
休館日	土・日曜、祝日、3月2日、夏期休館あり、年末年始、その他臨時休あり
入館料金［条件・手続き］	無料(一部資料の閲覧は要事前予約)
館外貸出［条件・制限］	不可(閲覧のみ)
書架の状態	開架
住所	〒102-0082 東京都千代田区一番町18 川喜多メモリアルビル 1階
アクセス	地下鉄半蔵門駅から徒歩4分

邦楽座、帝国館などが制作した週報プログラム

東和映画(現在の東宝東和)を創立した川《かわ》喜《き》多《た》長政《ながまさ》と共に、日本の映画界の礎となった川喜多かしこが設立。映画関連の書籍、雑誌、日本映画や外国映画のプレスシートやパンフレット、国内外の映画祭カタログ、スチール写真、1920年代を中心とした日本国内映画館制作の週報プログラムを閲覧することができる。

レファレンス・サービスの受付方法

東京都

舞台芸術に関する資料を視聴・閲覧できる

新国立劇場情報センター閲覧室

しんこくりつげきじょうじょうほうセンターえつらんしつ

03-5351-3011

開館時間	10:00～18:00(入館は～17:30)
休館日	月・火曜(祝日および主催公演日の場合は開館)、年末年始、その他臨時休あり
入館料金［条件・手続き］	無料(身分証明書を提示)
館外貸出［条件・制限］	可(身分証明書を提示。当日中に要返却。一部資料は貸出不可)
書架の状態	一部開架(閉架中心)
住所	〒151-0071 東京都渋谷区本町1-1-1
アクセス	京王新線初台駅直結

公演の関連図書や入門書・戯曲など自由に閲覧できる

オペラ・バレエ・ダンス・演劇に関する調査研究および講座やワークショップ、展示を行うとともに、さまざまな資料を収集・保存し広く一般に公開。蔵書数は約7万点（約5000点が開架）で、直近の公演の関連図書や主催公演のプログラム、入門書、戯曲、楽譜等の閲覧や映像の視聴が可能。その他、新国立劇場の刊行物、他団体の公演プログラムや楽譜、洋書等も数多くそろう。

レファレンス・サービスの受付方法

東京都

映画に関係するあらゆる資料を収集・保存

国立映画アーカイブ図書室

こくりつえいがアーカイブとしょしつ

050-5541-8600（ハローダイヤル）

図書室の様子

開館時間	12:30～18:30（入室は～18:00）
休館日	月・日曜、祝日、特別整理期間、年末年始、国立映画アーカイブの休館に準じた臨時休あり
入館料金［条件・手続き］	無料
館外貸出［条件・制限］	不可（閲覧のみ）
書架の状態	一部開架（閉架中心）
住所	〒104-0031 東京都中央区京橋3-7-6
アクセス	地下鉄京橋駅または宝町駅からすぐ

落ち着いた空間で映画関連の書籍・雑誌を閲覧できる

国立映画アーカイブの外観（リニューアル前）

画像提供3点すべて：国立映画アーカイブ

レファレンス・サービスの受付方法

映画分野を専門とする日本で最大の図書室。1978年、当時の東京国立近代美術館フィルムセンターにおいて、映画文献研究家・辻《つじ》恭《きょう》平《へい》氏の旧蔵図書約1700冊を公開したことに始まる。

和書を中心とした映画文献を公開し、研究者はもちろん広く一般の利用にも供している。5万冊を超える映画関連の書籍や雑誌、映画祭資料、脚本、パンフレットなどを所蔵。なお、和書の単行本については、明治以降日本で刊行された映画図書の約7割に相当する。

基本的に閉架式だが、一部のレファレンス文献、新着図書や雑誌の最新号、合本雑誌などは開架で閲覧可能となっている。

2017年には図書閲覧室内に、自館で開発したデジタル資料閲覧システムを導入。初期の映画雑誌をタッチパネル画面で見ることができる。

東京都

楽しく学んで身近に感じる伝統芸能

国立劇場伝統芸能情報館図書閲覧室

こくりつげきじょうでんとうげいのうじょうほうかんとしょえつらんしつ

03-3265-6300

図書閲覧室。検索端末はOPACのほか「文化デジタルライブラリー」にアクセスできる

国立劇場の公演関係資料が並ぶ書架

開館時間	10:00～17:00（第3水曜は～20:00、第3水曜が祝日の場合は翌木曜が～20:00）
休館日	土曜、祝日、第1・3～5日曜、月末の整理日、7月1日、夏期・冬期整理期間、年末年始
入館料金［条件・手続き］	無料
館外貸出［条件・制限］	不可（閲覧のみ）
書架の状態	一部開架（閉架中心）
住所	〒102-8656 東京都千代田区隼町4-1
アクセス	地下鉄半蔵門駅から徒歩5分

図書閲覧室が入る伝統芸能情報館。1階には所蔵資料を公開する情報展示室がある

レファレンス・サービスの受付方法

国立劇場（現・独立行政法人日本芸術文化振興会）の付設機関として、1966年に開室した伝統芸能・大衆芸能に特化した専門図書館。

所蔵図書は、国立劇場で上演した筋書、台本や資料集をはじめとする作成物、公演記録写真のほか、購入・寄贈された各劇場のプログラム、芸能関係の資料約28万冊がそろう。寄贈品のなかには、個人収集の貴重な書誌や、舞台、映画、ラジオで使用した台本などもある。

また、インターネット上で「文化デジタルライブラリー」を公開しており、舞台芸術の教育用コンテンツや、国立劇場、国立演芸場、国立能楽堂、国立文楽劇場の過去の自主公演記録、錦絵やブロマイドなどの所蔵資料が閲覧可能。

3階のレクチャー室では、年に数回「伝統芸能講座」を開催しており、伝統芸能の魅力と基礎知識を学ぶことができる。

東京都

能と狂言に関する文献が充実

武蔵野大学能楽資料センター

むさしのだいがくのうがくしりょうセンター

042-468-9742

開館時間	12:30～17:00
休館日	金～日曜、大学休暇期間、大学行事等による臨時休あり、要問合せ
入館料金［条件・手続き］	無料(身分証明書を提示)
館外貸出［条件・制限］	可(一部資料は貸出不可)
書架の状態	開架(一部閉架)
住所	〒202-8585 東京都西東京市新町1-1-20 武蔵野キャンパス1号館　3階
アクセス	JR中央線三鷹駅から関東バス武蔵野大学方面行きで10分、武蔵野大学下車すぐ

能・狂言に関する資料が並んだ閲覧室の様子

日本の伝統芸能である能・狂言に特化した研究機関。蔵書の多くは開架式で、自由に閲覧することが可能。所蔵資料は、能・狂言に関する入門書、研究書、写真集、評論、随筆および台本や楽譜(謡本、型付、手付類)、定期刊行物などの雑誌・紀要、公演パンフレットやチラシ類、関連領域である雅楽、声明、歌舞伎、文楽、日本伝統音楽、中世・近世文学などを幅広く収集している。

レファレンス・サービスの受付方法

東京都

日本の洋楽に関する資(史)料を収集・保存

明治学院大学図書館付属遠山一行記念日本近代音楽館

めいじがくいんだいがくとしょかんふぞくとおやまかずゆききねんにほんきんだいおんがくかん

03-5421-5657

開館時間	10:00～17:00
休館日	月～水・日曜、祝日、明治学院大学図書館の休館に準じた臨時休あり
入館料金［条件・手続き］	100円(1日利用料。4月1日～翌3月31日の年間利用料は500円。利用は18歳以上のみ。要予約)
館外貸出［条件・制限］	不可(閲覧のみ)
書架の状態	一部開架(閉架中心)
住所	〒108-8636　東京都港区白金台1-2-37
アクセス	地下鉄白金高輪駅から徒歩7分

閲覧室の様子

日本近代音楽財団から旧日本近代音楽館蔵書を受贈、2011年に明治学院大学図書館の付属機関として開館した。所蔵資料は、図書、雑誌、楽譜などの出版物をはじめ、作曲家の作品資料や研究・評論家の蔵書、演奏家の演奏記録などを収めた140に及ぶ記念文庫、明治期からの国内演奏会のプログラムなど多岐にわたる。

レファレンス・サービスの受付方法

愛知県

中部圏演劇文化の情報ステーション

御園座演劇図書館

みそのざえんげきとしょかん

052-212-9514

開館時間	10:00～16:00(昼休みあり)
休館日	御園座の休演日に準じる、特別整理期間、年末年始
入館料金［条件・手続き］	無料(昭和38年〈1963年〉以降の御園座上演資料の閲覧は身分証明書を提示・要予約)
館外貸出［条件・制限］	不可(閲覧のみ)
書架の状態	一部開架(閉架中心)
住所	〒460-8403　愛知県名古屋市中区栄1-6-14
アクセス	地下鉄伏見駅からすぐ

公演内容にあわせて資料を開架

中部地区における演劇文化向上のために東西演劇書を集めた「演劇図書館」を作るべく、1969年に御園座演劇資料室を設置。1975年には名称を現在の「御園座演劇図書館」へと変更。歌舞伎を中心に能狂言・文楽など日本伝統芸能の図書等を数多く所有。ほかにも上演台本やギリシャ古典劇、シェイクスピアなど世界演劇書を網羅。

レファレンス・サービスの受付方法

大阪府

無形文化遺産「文楽」について学ぶ

国立文楽劇場図書閲覧室

こくりつぶんらくげきじょうとしょえつらんしつ

06-6212-2531(代)

開館時間	10:00～17:00
休館日	土・日曜、祝日、毎月末日、7月1日、特別整理期間、年末年始
入館料金［条件・手続き］	無料(公演記録映像の視聴は要電話予約)
館外貸出［条件・制限］	不可(閲覧のみ)
書架の状態	閉架
住所	〒542-0073 大阪府大阪市中央区日本橋1-12-10
アクセス	地下鉄日本橋駅からすぐ

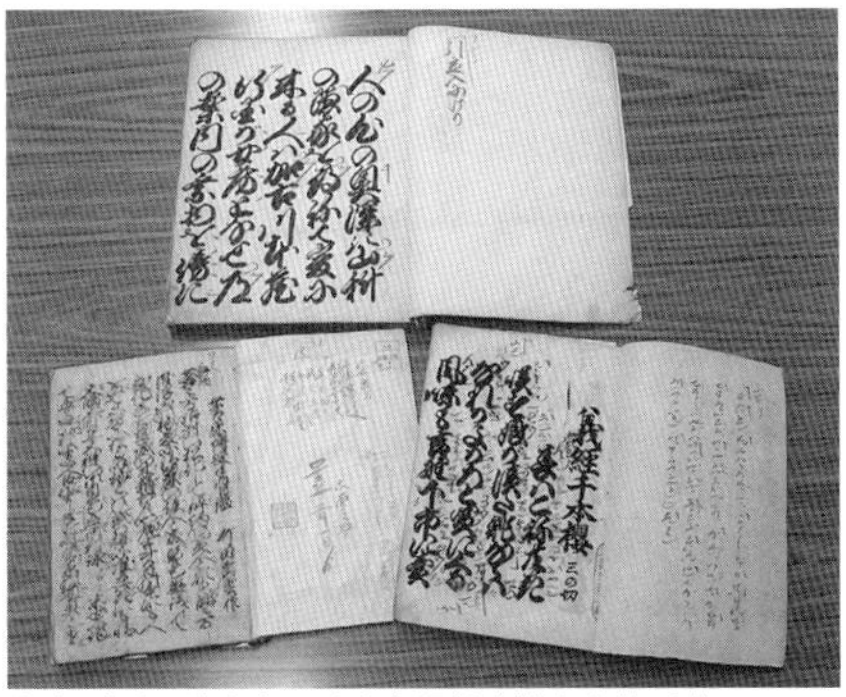

丸本、床本、稽古本など文楽関係書籍を多数所蔵

文楽の保存・振興を図ることを目的として設立された国立文楽劇場の附属施設として、1984年に開室。文楽を中心とした伝統芸能関係図書を収集しており、蔵書の数は約4万9000冊。国立文楽劇場が作成した公演プログラムをはじめ、団体・個人からの芸能関係寄贈資料や、太夫が舞台で使用する台本である「床本」、実演家が使用した資料なども多数所蔵している。

レファレンス・サービスの受付方法

東京都

能楽鑑賞・研究をサポートしてくれる

※車いす利用は要事前問合せ、応相談

国立能楽堂図書閲覧室

こくりつのうがくどうとしょえつらんしつ

📞03-3423-1145

閲覧席は18席。一般利用者のほか、能楽師、国立能楽堂養成事業の研修生が資料の閲覧に訪れる

開館時間	10:00～17:00
休館日	日曜、祝日、土曜不定休、月末の整理日、7月1日、夏期・冬期整理期間、年末年始
入館料金［条件・手続き］	無料（公演記録映像の視聴は要電話予約）
館外貸出［条件・制限］	不可（閲覧のみ）
書架の状態	一部開架（閉架中心）
住所	〒151-0051 東京都渋谷区千駄ヶ谷4-18-1 地下1階
アクセス	JR中央線千駄ヶ谷駅から徒歩5分

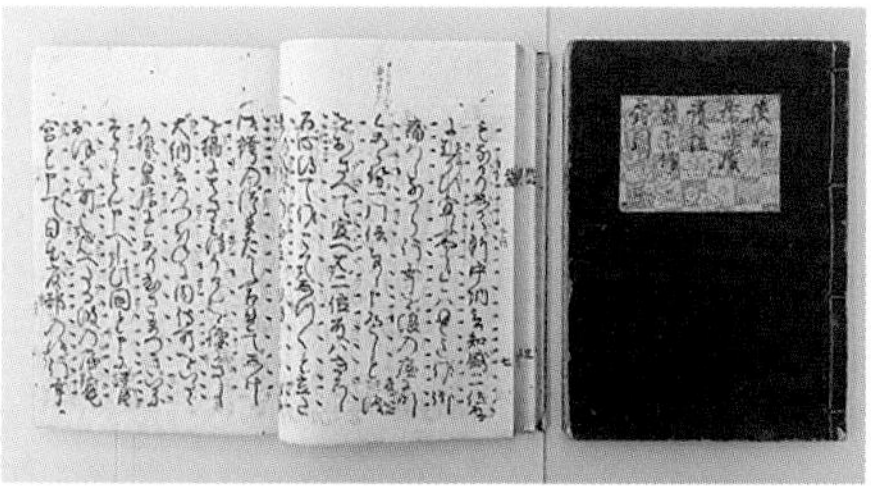

『観世流謡本』（山本長兵衛版　元禄三年六月　外組）。江戸時代前期、庶民の間に稽古事としての謡が流行。多くの謡本が流通した

各月の能楽公演の演目や、公開講座で取り上げる作品・テーマに関する所蔵資料を選び展示している

レファレンス・サービスの受付方法

能楽の保存と普及を図ることを目的として1983年に開場し、能楽公演の実施、能楽の調査研究活動・養成事業を行っている国立能楽堂。主催するすべての能楽公演を映像と写真によって記録・保存し、開場以来の公演記録映像やプログラム、チラシ、ポスターを図書閲覧室で見ることができる（公演記録映像の視聴は予約制）。

能楽の図書や雑誌、芸能・歴史・文学関係の参考図書も数多く所蔵。それらを広く一般に公開し、レファレンスも受け付けている。特色ある資料としては、各流の謡本《うたいぼん》（能で謡われる詞書と、旋律を示す符号を記した本）、手附《てつけ》（小鼓、大鼓、太鼓の譜面）などが挙げられる。

1階の資料展示室では、公演と連動した企画などが行われ、国立能楽堂が収集した面、装束、文献・絵画といった貴重な資料が展示される。

松竹大谷図書館

しょうちくおおたにとしょかん

03-5550-1694

14席の閲覧室には、一般の演劇・映画の愛好家から専門家まで幅広い利用者が訪れる

開館時間	10:00～17:00
休館日	土・日曜、祝日、毎月最終木曜、5月1日、11月22日、春期・夏期整理期間、年末年始
入館料金［条件・手続き］	無料（貴重書の閲覧は身分証明書を提示）
館外貸出［条件・制限］	不可（閲覧のみ）
書架の状態	閉架
住所	〒104-0045 東京都中央区築地1-13-1 銀座松竹スクエア 3階
アクセス	地下鉄東銀座駅からすぐ

戦前から現代に至る歴代の松竹映画作品の台本を所蔵している

歌舞伎『義経千本桜』の各種上演台本。江戸末期から現代に至る台本を所蔵

レファレンス・サービスの受付方法

松竹株式会社の創業者の一人・大谷《おおたに》竹次郎《たけじろう》の文化勲章受章を記念し、1958年に開館した演劇と映画の専門図書館。演劇、映画、日本舞踊、TVなどに関する各社の台本、プログラム、写真、文献、雑誌など48万点を超える資料を所蔵している。

特に松竹関係の資料は充実しており、歌舞伎では大道具を記録した写真や、上演の際の変更が書き込まれた台本など、ここでしか見ることのできない資料が数多くそろう。また映画では、準備稿を含めた各段階の台本や、公開当時の記事が貼り込まれたスクラップといった貴重な資料も。

閉架式のため書庫に入ることはできないが、丁寧なレファレンス・サービスが好評。2カ月ごとに展示替えを行うミニ展示では、所蔵資料の紹介を行っている。

ホームページ上では貴重資料が検索・閲覧できるデジタルアーカイブも公開中。

⬇レファレンス事例132ページ

兵庫県

近世演劇芸能に関する資料を幅広く収集

園田学園女子大学近松研究所

そのだがくえんじょしだいがくちかまつけんきゅうしょ

06-6429-9928

開館時間	要問合せ
休館日	要問合せ
入館料金［条件・手続き］	無料
館外貸出［条件・制限］	要問合せ
書架の状態	一部開架（閉架中心）
住所	〒661-8520　兵庫県尼崎市南塚口町7-29-1
アクセス	阪急神戸線塚口駅から徒歩10分

入り口は園田学園女子大学・開学30周年記念館の3階

尼崎市などの近松門左衛門《ちかまつもんざえもん》顕彰事業に協力する一方、日本古典演劇・芸能研究および近世文学研究のデータベースの公開や、学会の研究成果を広く一般に公開している研究所。浄瑠璃や歌舞伎などの戯曲、古典演劇に関する文献、研究書、雑誌・大学紀要所載の論文を幅広く所蔵している。

レファレンス・サービスの受付方法

沖縄県

沖縄の伝統芸能・文化を見て学べる

国立劇場おきなわレファレンスルーム（図書閲覧室）

こくりつげきじょうおきなわレファレンスルーム（としょえつらんしつ）

098-871-3318

開館時間	10:00～17:00
休館日	月・金・日曜、第1・3・5土曜
入館料金［条件・手続き］	無料（映像の視聴は機材使用料として30分50円）
館外貸出［条件・制限］	不可（閲覧のみ）
書架の状態	一部開架（閉架中心）
住所	〒901-2122　沖縄県浦添市勢理客4-14-1
アクセス	那覇バスターミナルから77番名護東線名護バスターミナル方面行きバス他で約15分、勢理客下車、徒歩10分

組踊の入門用図書・資料を数多く所蔵している

国立劇場おきなわは、国の重要無形文化財「組踊《くみおどり》」をはじめとする沖縄伝統芸能の公開を行うとともに、沖縄の地理的、歴史的な特性を活かし、沖縄の伝統文化を通じたアジア・太平洋地域の文化の拠点となることを目的として2004年に開館。レファレンスルームは劇場内に設置されており、劇場が所蔵する芸能関係図書、雑誌、新聞を閲覧することができる。

レファレンス・サービスの受付方法

東京都

週刊誌から学術雑誌まで幅広く提供

東京都立多摩図書館東京マガジンバンク

とうきょうとりつたまとしょかん とうきょうマガジンバンク

042-359-4020

閲覧室の雑誌書架。日本語雑誌は低書架に、外国語雑誌は壁面書架に配架している

開館時間	10:00〜21:00 （土・日曜、祝日は〜17:30）
休館日	第1木曜、設備等の保守点検日（月1回）、特別整理期間、年末年始
入館料金 ［条件・手続き］	無料
館外貸出 ［条件・制限］	不可（閲覧のみ）
書架の状態	一部開架（閉架中心）
住所	〒185-8520 東京都国分寺市泉町2-2-26
アクセス	JR中央線・武蔵野線西国分寺駅から徒歩7分

入室して利用のできる開架書庫。閲覧室に出ていない雑誌の最新1年分を見ることができる

「創刊号コレクション」より。左の『中外工業新報』は、コレクションの中では一番古いもので、1877年創刊

※FAXは聴覚・言語障害者限定。メールは都民優先

レファレンス・サービスの受付方法

都立多摩図書館は、東京マガジンバンクと児童・青少年資料サービスの2つの機能を柱にサービスを展開している。

東京マガジンバンクでは、一般誌から学術誌まで、約1万8700誌（うち外国語雑誌約1600誌）の雑誌を収集、保管。特徴的な資料として、明治から現在までのさまざまな創刊号約8100誌を集めた「創刊号コレクション」がある。また、女性誌・鉄道雑誌などが豊富にそろっているのも特筆すべき点。刊行中の雑誌約6000誌の最新1年分は開架とし、その他の雑誌を閉架としている。

雑誌は原則として製本せずに保存しているため、1タイトルを一度にまとめて利用できる大量出納を行っている。

2017年の国分寺市への移転後、雑誌を仲立ちとした知的創造と交流の拠点づくりを目指す事業「東京マガジンバンクカレッジ」を開始し、講演会・ワークショップなどを実施している。

東京都

音源・映像の視聴もできる音楽資料室

COPY　OPAC

東京文化会館音楽資料室

とうきょうぶんかかいかんおんがくしりょうしつ

03-3828-2111

全国でも数少ない音楽専門図書館。クラシック音楽のほか、民族音楽や邦楽に関する資料も所蔵

約4万枚のLPレコードをはじめとする視聴覚資料の利用は、プレイヤーが備え付けられた視聴室で

開館時間	11:30〜18:30 （土・日曜、祝日は〜17:00）
休館日	月曜、夏期特別整理期間、年末年始、その他臨時休あり
入館料金 ［条件・手続き］	無料（小学生以下の利用は保護者同伴。未就学児は入室不可）
館外貸出 ［条件・制限］	不可（閲覧のみ）
書架の状態	一部開架（閉架中心）
住所	〒110-8716 東京都台東区上野公園5-45 東京文化会館 4階
アクセス	JR上野駅からすぐ

1961年「東京世界音楽祭」の公演プログラム

レファレンス・サービスの受付方法

「首都東京にオペラやバレエもできる本格的な音楽ホールを」という声に応えて、東京都の開都500年祭の記念事業として1961年に建設された東京文化会館。4階に位置する音楽専門の資料室では、オペラやバレエ、クラシック音楽をはじめ、日本の伝統音楽、民族音楽に関する資料も収集し、広く一般に公開している。

楽譜や図書、音楽雑誌、LPレコードなど、所蔵資料の総数は13万点を超える。特徴的な資料として、東京文化会館公演プログラムのコレクションがあり、開館から現在までに行われた公演プログラムのすべてを、実際に手に取って閲覧することができる。

資料は館内での利用のみだが、オーケストラ・吹奏楽用パート譜に限り、東京都内で活動するアマチュアの演奏団体への貸出を行っている（要団体登録）。

東京都　多くの音楽愛好家が利用する資料館

民音音楽ライブラリー

みんおんおんがくライブラリー

📞03-5362-3555

OPACや、CD・DVDプレーヤーの視聴ブースを備えた閲覧室

開館時間	11:00〜18:30
休館日	月・水・金・日曜、祝日、8月1〜15日、年末年始
入館料金［条件・手続き］	無料（1年間有効の利用カード発行費は別途100円。身分証明書を提示。15名以上の団体は団体名簿を提示）
館外貸出［条件・制限］	可（一部資料は貸出不可）
書架の状態	閉架
住所	〒160-8588　東京都新宿区信濃町8
アクセス	JR中央線信濃町駅から徒歩5分

併設の民音音楽博物館では、16世紀に製作されたチェンバロをはじめ、貴重な古典ピアノの展示、オルゴールの演奏、企画展示なども開催

楽譜約5万点、録音・映像資料約12万点、音楽図書約4万冊を所蔵

レファレンス・サービスの受付方法

国内では数少ないクラシック音楽を中心とした音楽専門図書館として、1974年の創設以来43万人を超える音楽研究者、愛好家、演奏家が利用する。

楽譜約5万点、録音・映像資料約12万点、音楽図書約4万冊を所蔵し、それらの閲覧や貸出、さらに音楽資料の出版も行うなど、芸術の発展と音楽文化・教育への貢献を目指す。閲覧室には視聴ブースがあるため、CD・LDなどの視聴もできる。各種音楽資料の検索や楽譜の有無・貸出状況などは、インターネット上から調べることができる。

併設の民音音楽博物館は、2003年より東京都登録博物館に認定された。16世紀に製作されたチェンバロをはじめ、貴重な古典ピアノのコレクション、民族楽器やオルゴールなどが展示され、ライブラリー部門と合わせて約30万点の音楽資料を収集している。

います。でも毎月のように新しい雑誌が増えていきますので、スタッフはその時々で古いほうの号を抜き取ったり、あまり利用の多くない雑誌をそっくり抜き出して、埼玉県入間郡越生町にある埼玉分館（約7万冊所蔵）のほうに送ったりしています。

古い建物を増築を繰り返しながら書庫にしていますし、索引をとっている雑誌と、とっていない雑誌でも場所を分けて配架していたりしますので、新人のスタッフが一人で資料を探して利用者に提供できるようになるまでに1か月くらいかかっているかもしれません。

図書館としての課題は、OPACの構築

私たちが現時点で一番関心をもっているテーマは、紙に印刷されている雑誌の耐久性です。その対策としては、やはりスキャニングなどによるデジタル化を進めていく必要があります。しかし、利用者のニーズとしては、その雑誌がどんな紙に印刷されているのかなど、現物を見たいという要望も当然ありますので、デジタル化と並行して、現物保存の仕方についても研究を続けていく必要があります。ただ、デジタル化には、膨大な費用が必要であることと、フェアユースなど著作権的な問題もあり、課題が残っています。

大宅文庫の成り立ちを踏まえ、もともと雑誌を出版している出版社が協力してくれていることや、マスコミ関係者の利用が多いという事情を考えると、利用方法を限定した形でデジタル化のプロジェクトを進めていける可能性は小さくないと考えています。

そして、これはすでに一部始めているのですが、蔵書している雑誌の情報をOPACにして、来館されなくても、外部から所蔵情報を検索できるようにすることが大きな目標です。

生徒の自由研究などにも有効

横浜にある日本新聞博物館とも連携することがあり、先日も新聞博物館が長谷川町子さん生誕100年を記念したミニ展示をされるということで、長谷川町子さんの師匠だった田河水泡さんの漫画が掲載されていた雑誌を貸し出したりしています。

本文庫でも、夏休みの自由研究などで、雑誌記事をキーワードなどで検索してみることで、新しい発見があると思います。

スペースの関係で、あまり大勢でのご利用は難しいのですが、できれば引率の先生が付き添ってくださるなどの方法で、数名の生徒さんに調査活動をしていただくことは、教育的効果もあるように思います。

クラウドファンディングや
賛助会員制度などで文庫の存続を図る

公的な資金が一切入っていない独立した専門図書館のため、資料の維持保存、索引作成、データベース運営などを、入館料や資料代収入だけで賄うのは厳しい現状があります。

とくに昭和30年代に建築された書庫の増改築がこれから必須だったり、データベースの年間維持費、5年ごとのシステム改修費用がすべて賄えない現状です。

以前から賛助会員制度や寄付金などを受け付けてきましたが、2017年には初めてクラウドファンディングも活用し、目標金額500万円に対し、支援総額854万5000円を集めることができました。

これからは、公的な助成なども求めながらも、雑誌が「生きた資料」であり続けるためのアイディアを、さまざまな立場や世代の、より多くの人たちと一緒に考えていきたいと思います。　（2020年6月17日取材）

➡大宅壮一文庫 p.116上

《大宅壮一のプロフィール》

1900年（明治33年）9月13日、大阪府三島郡富田村（現・高槻市）に三男として生まれる。大阪・茨木中学（現・大阪府立茨木高校）を中退。その後、検定に合格。旧制第三高等学校に進学。1922年（大正11年）東京帝国大学文学部社会学部入学。戦後、独特な社会評論や人物評論で長くマスコミ界で活躍。大宅壮一が作ったとされる言葉として、「一億総白痴化」（テレビばかり見ていると人間の想像力や思考力を低下させるという意味）、「駅弁大学」（急行が停車する駅には駅弁が売られていて、そういう駅がある都市ごとに大学が作られていった時代を象徴する言葉）などが有名。1970年（昭和45年）11月22日、70歳で逝去。亡くなる直前に、大宅壮一ノンフィクション賞が創設され、現在まで続いている。第1回の授与式には、大宅壮一本人も出席している。

INTERVIEW

雑誌記事が「生きている資料」として 時代を超え活用しやすくあり続けるために

大宅壮一文庫

事務局次長　**鴨志田 浩**さん

大宅壮一の「雑草文庫」がルーツ

私どもは、日本で初めての雑誌図書館として有名ですが、ジャーナリストであり、評論家でもあった大宅壮一の集めた蔵書がもとになっています。

生前、大宅壮一は、時間があれば、古書市や古書店に通い、約20万冊の蔵書を残しましたが、そのうちの17万冊が雑誌でした。大宅壮一は「本は読むものではなく、引くものだ」という言葉を遺していますが、時代時代の世相や風俗を調べるための第一次資料として、蔵書が活用されることを考え、生前より“雑草文庫”と名づけ、知人に開放していました。

大宅壮一が亡くなった翌年（1971年）には、マスコミをはじめ、多くの方々のご協力により、大宅壮一の蔵書を引き継ぐ形で大宅壮一文庫が設立され、来年で50年を迎えます。

現在では、協力してくださる出版社が毎月新しい雑誌を送ってきてくださっているので、明治・大正・昭和・平成・令和にまたがる貴重な雑誌コレクションになっていて、1日平均30～40名の利用者が訪れます。

ライター、ジャーナリスト、研究者の強い味方として

本文庫の利用者の約9割は、マスコミ関係者です。ほかに、文学の研究者が、テーマにしている作家が昔執筆していた作品が掲載されていた雑誌の現物を探しにいらしたり、美術の研究者がある画家が週刊誌に描いた挿絵の現物を見に来られることもあります。

私たちスタッフの中には、図書館司書出身の人もいれば、マスコミ関係の人もいます。私はじつをいうと、ジャーナリストを養成する学校に在籍していたことがあるのですが、その学校の講師をされていた方が、たまたま本文庫の専務理事だったため、それがきっかけでアルバイトをすることになったのです。その後、正職員となり、すでに30年以上勤務しております。

多くのスタッフが支え合って運営

私たちスタッフは、正職員が20数名おります。これは、サービス内容として、書庫にある1万2千種類、約80万冊の雑誌から、利用者のリクエストに応じて、該当記事が掲載されている雑誌そのものをピックアップしなければなりませんので、どうしても人的パワーが必要となるからです。

また本文庫事業の大きな柱として、雑誌記事の索引を作成して、データベース化するという作業を行っていますので、その専属のスタッフも必要なのです。

基本的には、索引作成のスキルをもち、内容をある程度理解している人間が利用者へのサービスを行うのが理想なのですが、運営上なかなか難しい側面もあり、実際にはパートやアルバイトの人にもお手伝いいただいております。

迷路のような書庫をスタッフが走り回る

本文庫は、もともと大宅壮一の書斎や書庫として使っていた建物をそのまま使っていますので、建物の地階・1階・2階に無数の木製棚が並べられていて、「AERA《アエラ》」「アニメージュ」「an・an《アンアン》」…など、おおむね雑誌名の五十音順に所蔵されています。

棚によっては、雑誌の背の高さにあわせて、棚を特注していますので、雑誌がきちんと収まるようになって

早稲田大学演劇博物館図書室

わせだだいがくえんげきはくぶつかんとしょしつ

03-3204-3346

早稲田大学演劇博物館の外観。16世紀イギリスの劇場「フォーチュン座」を模して、今井兼次等により設計された

図書室では、開館当初から同じ閲覧机と椅子を使用している

開館時間	10:00〜17:00（火・金曜は〜19:00）
休館日	不定休
入館料金［条件・手続き］	無料（身分証明書を提示。資料によっては当日閲覧不可の場合あり）
館外貸出［条件・制限］	早稲田大学教職員・大学院生・図書館カード（緑・青）所持者のみ貸出可。一部資料は貸出不可（非該当者は閲覧のみ）
書架の状態	一部開架（閉架中心）
住所	〒169-8050 東京都新宿区西早稲田1-6-1
アクセス	地下鉄早稲田駅から徒歩7分

創設者の坪内逍遙胸像。握手をすると、英語の成績があがるという逸話も

レファレンス・サービスの受付方法

早稲田大学演劇博物館は、1928年、坪内逍遥《つぼうちしょうよう》博士が古稀の齢《よわい》に達したことと、その半生を傾倒した『シェークスピヤ全集』全40巻の翻訳が完成したことを記念し、各界有志の協賛によって設立された、世界でも有数の演劇専門博物館である。

図書室はその付設機関として翌年に開室。所蔵資料は、演劇に関連する図書・雑誌に加えて、台本（演劇、映画、テレビ、ラジオ）、歌舞伎の番付、チラシやプログラムといった演劇上演資料、映画館プログラム、映像資料など。その他、演劇関係者から寄贈された貴重なものや、幻燈の種板、戦前のフィルムといった、ここにしか残されていない資料も数多く収蔵。

早稲田大学内では唯一、学外の利用者が自由に活用できる場所で、国内外の研究者はもちろん、愛好家や地域の中高生も足を運んでいる。ホームページでは、演劇・映画に関する所蔵資料を学術データベースとして順次公開している。

大阪府

映画・演劇・文学に関する資料が豊富

OPAC

池田文庫

いけだぶんこ

072-751-3185

特徴的な建物は、1984年の第30回大阪府建築コンクールで入選

雑誌『歌劇』は1918年の創刊号から現在まで全号がそろい、手に取って利用できる

開館時間	10:00～17:00
休館日	月曜(祝日の場合は翌日)、図書整理期間、年末年始
入館料金 [条件・手続き]	無料(特殊資料の閲覧は要紹介状・要予約)
館外貸出 [条件・制限]	不可(閲覧のみ)
書架の状態	一部開架(閉架中心)
住所	〒563-0058 大阪府池田市栄本町12-1
アクセス	阪急宝塚線池田駅から徒歩10分

阪急文化アーカイブズでは、所蔵する「阪急・宝塚ポスター」「浮世絵・番付」などが検索できる

レファレンス・サービスの受付方法

１９４９年の開館だが、その歴史は、１９１５年に阪急東宝グループの創業者小林《こばやし》一三《いちぞう》が開いた娯楽場・宝塚新温泉内に開設された図書室にさかのぼる。１９３２年には図書室から宝塚文芸図書館に発展し、演劇に関する図書や雑誌、宝塚歌劇の上演資料、歌舞伎資料を多数集めた。

その宝塚文芸図書館の蔵書を引き継いだ池田文庫は、現在は阪急電鉄と宝塚歌劇に関する資料を網羅的に収集。２００３年には民俗芸能資料も加わり、特色ある専門図書館となっている。蔵書検索では、約26万冊の図書・雑誌の所蔵状況だけではなく、小林一三や阪急電鉄、宝塚歌劇に関する記事索引も探すことができる。

また阪急文化財団のホームページにあるデータベース「阪急文化アーカイブズ」では、所蔵する「阪急・宝塚ポスター」「浮世絵・番付」「民俗芸能資料」に関する情報が検索できる。

レファレンス事例　松竹大谷図書館

Question

映画『男はつらいよ』第1作で、寅さんの妹さくらと結婚する博の父親の名前「颷一郎」は何と読むのか。

Answer

「ひょういちろう」。『男はつらいよ パーフェクト・ガイド 寅次郎全部見せます』(日本放送出版協会,2005)に掲載されている「名場面・名セリフ集」のp11、「見どころ・ストーリー紹介」のp175にふりがながある。また、『男はつらいよ　噂の寅次郎』のシノプシスp4にもふりがながある。

調査方法・参考文献など

映画『男はつらいよ』第1作の終盤では、主人公寅さんの妹さくらが、裏の印刷工場に勤める博と結婚式を挙げるシーンがあり、疎遠であった博の両親が式に出席するためやってくる。博の父の名刺に「諏訪颷一郎」とあるのを見た寅さんは、式の最中おばちゃんに小声で尋ねる。「なんて読むんだい?」しかしおばちゃんも読むことができない。神主も、祝詞で読み上げる新郎の父の名が読めず誤魔化してしまう。映画では、その後もついに博の父の名前が正しく読まれることはない。

この名前の読みの調査依頼を受け、まず一次資料として『男はつらいよ』第1作の台本を確認した。当館は日本映画の台本を幅広く所蔵しており、特に『男はつらいよ』をはじめ松竹映画に関しては、準備稿や決定稿など製作時に改訂が重ねられた台本や、完成した映画から書き起こした完成台本など、各段階の台本を所蔵している作品が多い。調査のため『男はつらいよ』第1作の完成台本を見ると、最初に映画のオープニング映像と同じ順番で配役が並んでいるが、博の父の名の「諏訪颷一郎」にふりがなはない。式と披露宴のシーンも確認するが、仲人による新郎の紹介では父の名が「読めずとばす」とあり、司会者の父親紹介の台詞は、発音の通り「諏訪ン一郎様」と記載されている。登場人物の言動が映画のままに記録されている完成台本であるが、この調査では役に立たなかった。念のため準備稿も確認したが、やはり博の父の名にふりがなはなかった。

その他には、映画館などが宣伝用の資料として利用する「プレスシート」を確認した。あらすじや配役、宣伝文案などが記載された資料であるが、配役表の名前にふりがなはなかった。

そこで、作品解説や名言集をはじめ、80種ほど所蔵している「男はつらいよ」シリーズの関連図書を何冊かチェックしていくと『男はつらいよ パーフェクト・ガイド 寅次郎全部見せます』に掲載されている、第1作のあらすじに、ふりがながあり「ひょういちろう」と読むことがわかった。

また、本書により、博の父が第1作の他、第8作、第22作にも出演していることがわかったので、念のため第8作と第22作の資料も確認した。すると、『男はつらいよ　噂の寅次郎』第22作については、あらすじなどが記載された「シノプシス(梗概)」が台本と共に保存されていることが確認でき、その中に「諏訪颷一郎(ひょういちろう)」と記載があったので、結果として一次資料でも確認することができた。

武藤祥子

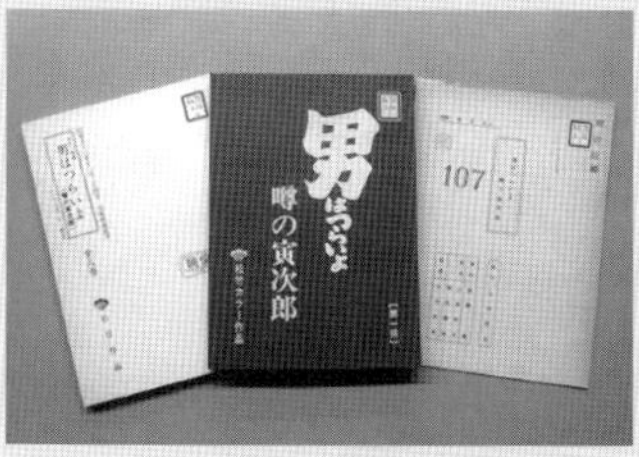

▲『男はつらいよ　噂の寅次郎』の台本とシノプシス

➡松竹大谷図書館 p.123

8

行政・防災

市政専門図書館

しせいせんもんとしょかん

03-3591-1264

天井まで高い書庫には貴重書がぎっしり

「東京都市計画図」（『帝都復興事業概観』復興局編、1928年 所収）
東京のインフラの多くは関東大震災復興事業により決定された

開館時間	9:30〜17:00
休館日	土・日曜、祝日、年末年始
入館料金［条件・手続き］	無料
館外貸出［条件・制限］	可（公益財団法人後藤・安田記念東京都市研究所の刊行物および1956年以降の官公庁資料のみ貸出可）
書架の状態	一部開架（閉架中心）
住所	〒100-0012 東京都千代田区日比谷公園1-3 市政会館 1階
アクセス	地下鉄内幸町駅からすぐ

閲覧室の様子

左：『沖縄県勢要覧 昭和14年版』
中央：『都市計画調査会議事速記録』（日本初の都市計画法制定時の審議会記録）
右：『都市問題』（財団の機関誌）

レファレンス・サービスの受付方法

東京市政調査会（現：公益財団法人後藤・安田記念東京都市研究所）の付設機関として1922年に開館。都市問題、地方自治に関する私立の専門図書館であり、広く一般にも公開されている。

関東大震災、戦前期の都市計画資料、後《ご》藤《とう》新《しん》平《ぺい》文書、明治期の自治制制定資料である大森文書、中山文書、審議会や地方自治体発行資料など、書店では入手が難しい資料を収集。また『都市問題』や『都市計画』といった専門雑誌も数多く所蔵している。

ホームページ上のOPACからは、蔵書13万冊、雑誌論文10万件以上が検索できる。雑誌論文に関しては戦前期から最新までを収録しており、他に類を見ないデータベースとなっている。また、戦前期の都市計画地図や昭和三陸津波、全国都市問題会議資料などに関する資料画像は、デジタルアーカイブスとして公開している。

⬇レファレンス事例96ページ

防災専門図書館

ぼうさいせんもんとしょかん

03-5216-8716

蔵書を活用して、閲覧室での企画展示に力を入れている

防災教育関連資料(児童、生徒、教員、一般向け)も充実。利用しやすいよう閲覧室に排架

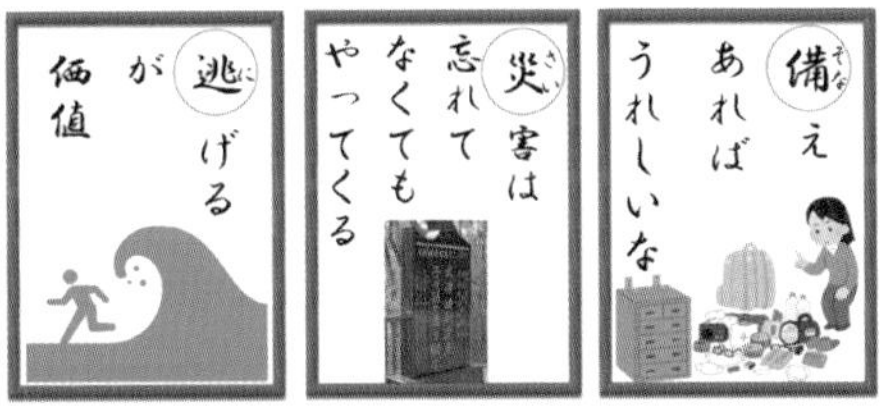

ことわざをもじったオリジナル防災カルタが好評。ホームページで公開、データ利用可能。絵柄の改変も可

開館時間	9:00～17:00
休館日	土・日曜、祝日、年末年始
入館料金 [条件・手続き]	無料
館外貸出 [条件・制限]	市の関係者のみ貸出可。一部資料は貸出不可
書架の状態	一部開架(閉架中心)
住所	〒102-0093 東京都千代田区平河町2-4-1 日本都市センター会館　8階
アクセス	地下鉄永田町駅または麹町駅から徒歩4分

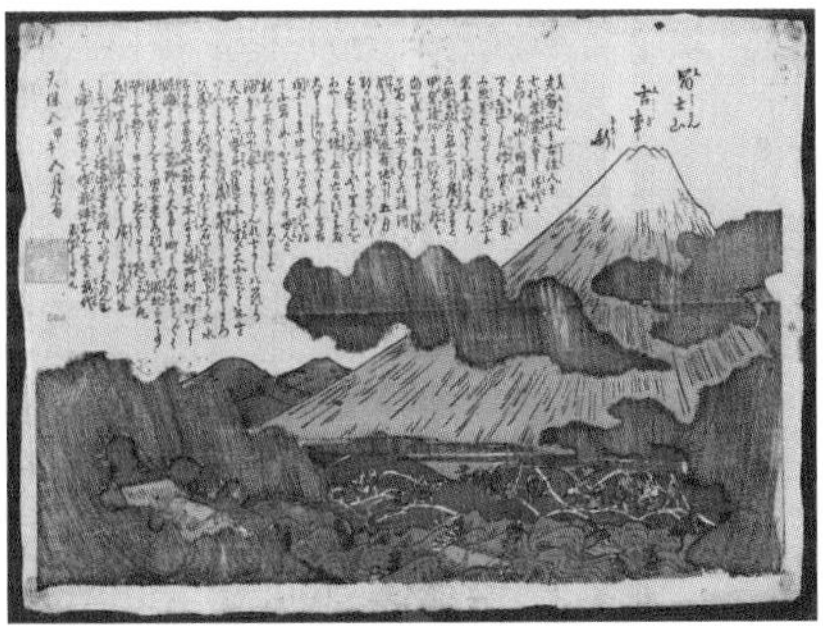
天保5(1834)年5月に発生した富士山の「雪代」災害(融雪洪水+土石流)のかわら版

レファレンス・サービスの受付方法

「防災、災害等に関する資料の収集とその活用・発信を通じて、住民のセーフティネットとして貢献する」ため、公益社団法人全国市有物件災害共済会が1956年に開設。防災と災害に関する国内唯一の専門図書館である。

災害を「人に害を及ぼすもの」と広く捉え、台風や地震などの自然災害だけでなく、公害や事故などの人為災害関連の資料も収集対象。「災害一般(気象及び災害史を含む地方史)」「火災」「風水害・雪害」「地震・噴火・津波」「交通災害」「公害」「戦災」など、独自の分類法により整理された蔵書は現在約16万冊で、その内約7割が寄贈資料となっている。ほとんどの図書が書庫にあるため、企画展示で蔵書の利活用を図っている。

また、江戸時代の火災や地震などのかわら版、絵図類、災害の報告書や写真等の資料を、ホームページ上の「デジタルアーカイブ」で公開中。

茨城県

過去の災害を知り、今後の対策を立案する

自然災害情報室

しぜんさいがいじょうほうしつ

029-863-7635

開館時間	10:00～16:00
休館日	土・日曜、祝日、年末年始、その他臨時休あり
入館料金［条件・手続き］	無料
館外貸出［条件・制限］	原則として防災科学技術研究所所属者のみ貸出可（非該当者は一部資料のみ貸出可）
書架の状態	一部開架（閉架中心）
住所	〒305-0006　茨城県つくば市天王台3-1
アクセス	つくばエクスプレスつくば駅からつくバス北部シャトル筑波山口行きで12分、花畑（防災科学技術研究所）下車、徒歩5分

レファレンス・サービスの受付方法

自然災害情報室の入る研究交流棟

防災科学技術研究所の設立1年後にあたる1964年に開設し、自然災害・防災に関する資料の収集、整理、保存、発信を行う情報室。国内外の図書約6万7000冊、雑誌約330誌の蔵書に加え、研究所の職員が現地調査の際に収集した資料や災害空中写真などもそろう。室内には編集担当者や研究員も在籍し、刊行業務や収集資料のアーカイブ・解析を行っている。

東京都

江戸・東京に関するさまざまな資料を所蔵

東京都立中央図書館都市・東京情報コーナー

とうきょうとりつちゅうおうとしょかん とし・とうきょうじょうほうコーナー

03-3442-8451

開館時間	10:00～21:00（土・日曜、祝日は～17:30）
休館日	第1木曜、設備等の保守点検日（月1回）、特別整理期間、年末年始
入館料金［条件・手続き］	無料
館外貸出［条件・制限］	不可（閲覧のみ）
書架の状態	一部開架（閉架中心）
住所	〒106-8575　東京都港区南麻布5-7-13
アクセス	地下鉄広尾駅から徒歩8分

※FAXは聴覚・言語障害者限定。メールは都民優先

レファレンス・サービスの受付方法

「都政情報」や、都市に関する資料を並べた書架もある

主に明治以降に刊行された江戸および東京関係の資料を収集している専門図書館。東京都各部局の刊行物、区市町村の編集発行物などの行政資料を中心に、個人や出版社、各種団体で発行された郷土資料などの図書約25万2900冊、東京都や区市町村の広報紙をはじめとする新聞約630種、雑誌約2130種を所蔵。ホームページから所蔵資料の一部を閲覧することができる。

東京都

東京23区の自治の発展を目的として設立

特別区自治情報・交流センター

とくべつくじちじょうほう・こうりゅうセンター

03-5210-9051

開館時間	9:30〜20:30(土曜は〜17:00)
休館日	日曜、祝日、その他臨時休あり
入館料金［条件・手続き］	無料
館外貸出［条件・制限］	一部資料のみ貸出可
書架の状態	開架(一部閉架)
住所	〒102-0072　東京都千代田区飯田橋3-5-1
アクセス	JR中央線飯田橋駅から徒歩5分

23区の行政資料が並ぶ書架

誰でも自由に利用できる、23区と地方自治の専門図書館。特別区の行政資料・東京大都市地域の歴史的資料を中心に約10万冊を所蔵。23区の行政資料がそろう専門図書館は日本でも珍しく、各区が発行する各種計画、財政資料、地図など区政全般にわたる資料が豊富。その他、江戸時代から昭和期にかけて作成された「江戸・東京の古地図」の収集、展示もしている。

レファレンス・サービスの受付方法

東京都

公園緑地や植物など、緑に関する疑問を解決

みどりの図書館東京グリーンアーカイブス

みどりのとしょかんとうきょうグリーンアーカイブス

03-5532-1306

開館時間	9:00〜17:00
休館日	日曜、祝日、年末年始
入館料金［条件・手続き］	無料
館外貸出［条件・制限］	不可(閲覧のみ)
書架の状態	一部開架(閉架中心)
住所	〒100-0012 東京都千代田区日比谷公園1-5
アクセス	地下鉄霞ケ関駅から徒歩3分

窓に面した明るい閲覧席

1964年に日比谷公園内に開設した東京都公園資料館が前身。2004年に東京都公園協会創立50周年記念事業として「東京グリーンアーカイブス」を設立、2011年から専門図書館となった。日比谷公園関連資料、長岡安平《ながおかやすへい》資料群といった明治期から現在に至るまでの東京の公園・庭園の貴重な図面や写真、緑に関係した書籍など約18万点を所蔵している。

レファレンス・サービスの受付方法

兵庫県　阪神・淡路大震災の記憶を次世代に語り継ぐ

人と防災未来センター資料室

ひとと　ぼうさい　みらい　センター　しりょうしつ

078-262-5058

震災資料の活用のひとつとして、資料室企画展を毎年実施している
（写真は、平成29年度資料室企画展「1.17はじまりのごはん」）

阪神・淡路大震災を中心に、東日本大震災や防災についての図書、雑誌、チラシ、映像などを配架

開館時間	9:30～17:30
休館日	月曜（祝日の場合は翌日）、年末年始
入館料金［条件・手続き］	無料
館外貸出［条件・制限］	不可（閲覧のみ）
書架の状態	開架
住所	〒651-0073 兵庫県神戸市中央区脇浜海岸通1-5-2
アクセス	阪神本線春日野道駅から南へ約10分

阪神・淡路大震災の被災度別建物分布図、空中写真（震災後から復興過程）なども閲覧可能

レファレンス・サービスの受付方法

阪神・淡路大震災の記憶や教訓を次世代に継承するために、2002年4月に開館した人と防災未来センター内にある資料室。

震災の被災状況を物語るもの、被災地の復旧・復興過程で使用・作成されたものなど、震災に直接関連する資料（「一次資料」モノ、紙、写真、映像・音声）および阪神・淡路大震災その他の災害や防災関連の刊行物（「二次資料」図書、雑誌、視聴覚資料、その他）の収集・公開を行っている。

一次資料には、5時46分で止まった時計、被災者の日記や手記、被災した町の写真、震災時の映像などがある。一次資料は収蔵庫に保管しているため閲覧の際には申請書が必要であるが、二次資料は西館5階の資料室内で自由に見ることができる。

なお、人と防災未来センターは、資料の収集、公開以外に、展示機能、研究機能を有する複合施設である。

アジア地域を含む都市政策関係図書を公開

※一部資料の複写は不可

COPY OPAC

福岡アジア都市研究所都市政策資料室

ふくおかアジアとしけんきゅうしょとしせいさくしりょうしつ

☎092-733-5707

資料室入り口。何より重視しているレファレンス対応用の椅子が見える

開館時間	10:00〜17:00
休館日	土・日曜、祝日、月末の平日、年末年始、その他臨時休あり
入館料金［条件・手続き］	無料
館外貸出［条件・制限］	可（身分証明書を提示）
書架の状態	開架
住所	〒810-0001 福岡県福岡市中央区天神1-10-1
アクセス	地下鉄天神駅から徒歩5分

新聞閲覧席からの奥行き。雑誌、一般図書、行政資料、アジアの4つのコーナーがある

入り口正面の展示架。福岡アジア都市研究所の研究成果、福岡市を含む政令市の政策資料を展示

レファレンス・サービスの受付方法

1978年に福岡市総務局企画調整部に設置され、福岡市の総合計画策定のために必要な行政資料、図書、雑誌を収集保存してきた資料室。1988年、福岡市のシンクタンク財団法人福岡都市科学研究所の設立と同時に、同研究所に移管。2004年に福岡市の外郭団体であるアジア太平洋センターと統合したのを機に、アジア地域を含む都市政策関係図書、各種調査・研究の成果報告書、福岡市の政策立案・事業推進のための行政資料などを幅広く収集、公開。

研究所では、福岡市のシンクタンクとして、毎年総合研究で福岡市の課題を見いだし、まちづくりに寄与するための提言を行っている。情報戦略室では、福岡市の姿をデータで検証。研究成果は報告書にまとめるだけではなく、都市セミナーや研究紀要等で公表し、随時ホームページ等で公開。また、国際視察研修受け入れ等の事業を通じて、アジアとのネットワークの構築に努めている。

愛知県

まちづくり活動に役立つ資料が豊富

名古屋都市センターまちづくりライブラリー

なごやとしセンターまちづくりライブラリー

052-678-2212

開館時間	10:00～18:00 （金曜は～20:00、土・日曜、祝日は～17:00）
休館日	月曜（祝日の場合は翌日）、第4木曜、 特別整理期間、年末年始
入館料金 ［条件・手続き］	無料
館外貸出 ［条件・制限］	可（要貸出用ライブラリーカード登録、登録料は300円。一部資料は貸出不可）
書架の状態	開架
住所	〒460-0023 愛知県名古屋市中区金山町1-1-1 金山南ビル 12階
アクセス	JR東海道本線・名鉄名古屋本線・地下鉄金山駅南口からすぐ

レファレンス・サービスの受付方法

眺めのよい窓際席。後ろの通路は車いすでも余裕を持って通れる

戦後の復興土地区画整理事業の収束を記念し、その成果を後世に継承するとともに、新しいまちづくりの拠点として設立した名古屋都市センターの付属機関として開設。まちづくりの「知の拠点」として、都市計画、都市開発、建築、交通、環境、防災関連の図書をはじめ、戦災復興に関する資料、主要都市の行政資料、研究機関の調査研究報告書、地図資料などを収集している。

兵庫県

※Wi-Fiを利用するにはeduroamのIDが必要

阪神・淡路大震災の多くの資料を一般公開

神戸大学附属図書館震災文庫

こうべだいがくふぞくとしょかんしんさいぶんこ

078-803-7342

開館時間	11:00～17:00
休館日	土・日曜、祝日、館内整理期間、年末年始
入館料金 ［条件・手続き］	無料（身分証明書を提示）
館外貸出 ［条件・制限］	不可（閲覧のみ）
書架の状態	開架
住所	〒657-8501 兵庫県神戸市灘区六甲台町2-1
アクセス	阪急神戸線六甲駅から神戸市バス36系統鶴甲団地行きで7分、神大正門前下車、徒歩5分

神戸大学社会科学系図書館3階に位置する、震災文庫の入り口

阪神・淡路大震災に関わる資料を網羅的に収集、提供し、災害復興や地震研究、防災対策に資することを目指して1995年に開設。一般的に流通する図書や雑誌、視聴覚資料などに加えて、震災当時の貼紙、ポスター、写真、映像、音声資料、震災に関する催しのチラシや、ボランティア団体発行のニュースレター、新聞記事の切り抜きなど、多岐にわたる資料を所蔵している。

レファレンス・サービスの受付方法

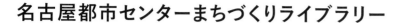

9

国際・海外・語学

開発途上国研究の資料センター

アジア経済研究所図書館

アジアけいざいけんきゅうしょとしょかん

043-299-9716

閲覧席約100席。書架には現地で収集したものを含め途上国研究に欠かせない資料が並ぶ

途上国を中心に各国統計資料を約11万冊所蔵。写真はインドの人口センサス（国勢調査）

開館時間	10:00～18:00
休館日	日曜、祝日、第2・4・5土曜、月末の平日、年末年始
入館料金［条件・手続き］	無料（小学生以下の利用は保護者同伴。荷物の持込制限あり）
館外貸出［条件・制限］	賛助会員・協定を結んだ大学等の構成員のみ貸出可（要事前手続き。非該当者は閲覧のみ）
書架の状態	開架
住所	〒261-8545 千葉県千葉市美浜区若葉3-2-2
アクセス	JR京葉線海浜幕張駅から徒歩10分

所蔵新聞。写真は東日本大震災を報道する各国紙の紙面。過去分のマイクロフィルムもあり

レファレンス・サービスの受付方法

開発途上地域の経済、政治、社会を中心とした学術文献、基礎資料、現地の新聞・雑誌などを所蔵し、広く一般に公開している専門図書館。

1960年の開館から半世紀以上にわたり、アジアだけでなく、中東、アフリカ、ラテンアメリカ、オセアニアなどの現地発行資料や現地語資料に重点を置く収集を行ってきた。その結果、各国の統計資料をはじめとする政府刊行物、現地新聞のマイクロフィルム、旧植民地関係資料といった、他に類を見ない貴重なコレクションが所蔵されている。

約70万冊の蔵書は、一部特殊資料や貴重書、劣化資料を除いて開架式となっており、約100席を備えた閲覧環境を整備。地域専門ライブラリアンによる資料の探し方相談や、企画展示、講演会など、さまざまなサービス・イベントも行っている。

イタリア文化会館図書室

イタリアぶんかかいかんとしょしつ

03-3264-6011

2005年に建築家ガエ・アウレンティの設計で全面的に建て替えられたイタリア文化会館

図書室内の様子。建築家マッテーオ・ベルフィオーレ氏の設計を元に全面的な改修工事を経て2018年にリニューアルオープン

開館時間	10:00～13:00、14:00～18:00 (土曜は10:00～18:00)
休館日	日曜、イタリアの祝祭日、要問合せ
入館料金 [条件・手続き]	2000円(年間利用料。イタリア文化会館イタリア語コース受講生は受講期間中無料)
館外貸出 [条件・制限]	可
書架の状態	開架
住所	〒102-0074 東京都千代田区九段南2-1-30
アクセス	地下鉄九段下駅から徒歩10分

随筆家・イタリア文学者の故 須賀敦子氏の蔵書や原稿の一部を保管している(写真は2009年に行われた特別展示)

レファレンス・サービスの受付方法

イタリア外務・国際協力省に属する機関で、世界に約80あるイタリア文化会館のひとつとして、日本におけるイタリア文化の普及と日伊文化交流の振興のために活動している施設。館内には、イタリア文化普及のための基本事業のひとつとして、東京で唯一のイタリア専門図書室が設けられている。

イタリアに関する日本語図書約6000冊、イタリア語の図書約1万6000冊、そして800タイトル以上のイタリア映画DVDとCDを所蔵しており、閲覧専用の貴重な書籍を除いたすべてのイタリア関連書籍および原書を借りることができる。

レファレンス業務以外にも、イタリア外務・国際協力省の翻訳助成金の手続き、イタリアブックフェアや翻訳賞の主催など、日本におけるイタリア語書籍の普及とイタリア関係の出版振興に寄与している。

北海道

ロシア・東欧地域に関する資料を収集整備

COPY OPAC

北海道大学スラブ・ユーラシア研究センター図書室

ほっかいどうだいがくスラブ・ユーラシアけんきゅうセンターとしょしつ

011-706-3310

開館時間	9:00〜17:00
休館日	土・日曜、祝日、年末年始
入館料金［条件・手続き］	無料
館外貸出［条件・制限］	北海道大学関係者のみ貸出可。一部資料は貸出不可（非該当者は閲覧のみ）
書架の状態	一部開架（閉架中心）
住所	〒060-0809　北海道札幌市北区北9条西7
アクセス	JR札幌駅から徒歩10分 地下鉄北12条駅から徒歩10分

参考図書の棚。多くの外国語資料のなかに日本語の資料も並ぶ

ロシアを中心とするスラブ・ユーラシア地域の歴史や文化、政治、経済、国際関係などを研究するための資料を整備。ロシア研究に関する日本で最大の図書館で、資料はロシア語や英語で書かれたものが数多くそろう。館内には参考図書や新刊雑誌、新聞、マイクロ資料を配架しており、一般書籍と製本雑誌については北大附属図書館本館で閲覧することができる。

レファレンス・サービスの受付方法

埼玉県

日本語や日本文化についての理解が深まる

COPY OPAC

国際交流基金日本語国際センター図書館

こくさいこうりゅうききんにほんごこくさいセンターとしょかん

048-834-1185

開館時間	11:30〜19:00
休館日	土・日曜、祝日、毎月最終火曜、蔵書点検期間、年末年始
入館料金［条件・手続き］	無料
館外貸出［条件・制限］	日本語教育関係者のみ貸出可。一部資料は貸出不可（非該当者は閲覧のみ）
書架の状態	開架
住所	〒330-0074 埼玉県さいたま市浦和区北浦和5-6-36
アクセス	JR京浜東北線北浦和駅から徒歩8分

国内外の日本語教育関係者に利用されている

国内外における日本語教育の促進を目的として設立された専門図書館。世界約70カ国・地域からの資料を所蔵し、日本語教育研究者の教育と研究活動のサポートをしている。また、公開図書館として、日本語教育関係者のみならず、一般利用者に向けても日本語教育や日本語学、言語学、異文化理解などに関する資料の収集、情報の提供を行っている。

レファレンス・サービスの受付方法

東京都

アジア・アフリカ世界との理解・交流を推進

COPY OPAC

アジア・アフリカ図書館

アジア・アフリカとしょかん

0422-44-4640

開館時間	12:00〜17:00(土・日曜は9:30〜)
休館日	月・木曜、第3水曜、祝日の火・水・金曜、館内整理期間、年末年始
入館料金 [条件・手続き]	無料(小学生以下の利用は保護者同伴。荷物の持込制限あり)
館外貸出 [条件・制限]	可(身分証明書を提示の上、要利用登録、登録料は1000円。一部資料は貸出不可)
書架の状態	開架
住所	〒181-0004　東京都三鷹市新川5-14-16
アクセス	JR中央線吉祥寺駅から小田急バス仙川行きで14分、アジア・アフリカ語学院前下車、徒歩5分

開架にはアジア・アフリカ関係の和書が並ぶ

公益財団法人アジア・アフリカ文化財団が経営する、アジア・アフリカに特化した専門図書館。蔵書は、アジア・アフリカに関する和書や原書で約2万冊。また、中国の著名な文人・郭沫若《かくまつじゃく》氏の在日中の蔵書を収蔵した「郭沫若文庫」には、郭氏が研究した甲骨文字に関する資料や、郭氏の著した図書など1350冊を所蔵している(同文庫の見学は要予約)。

レファレンス・サービスの受付方法

東京都

フランス文化に触れることができる場所

COPY OPAC

アンスティチュ・フランセ東京メディアテーク

アンスティチュ・フランセとうきょうメディアテーク

03-5206-2560

開館時間	11:00〜19:00
休館日	月・金・日曜、祝日
入館料金 [条件・手続き]	無料
館外貸出 [条件・制限]	メディアテーク会員のみ貸出可(会員登録料は年間3500円)
書架の状態	開架
住所	〒162-8415　東京都新宿区市谷船河原町15
アクセス	JR中央線飯田橋駅から徒歩7分

文学・アート関連を中心に、豊富な資料がそろう

フランス政府公式の語学学校・文化センターであるアンスティチュ・フランセ東京内にあるスペース。蔵書はフランス関連の図書約2万1300冊、雑誌26誌で、文学とアートを中心としたフランス語の資料が9割。特徴あるコレクションは「学習者の本棚」。フランス語を読む力をサポートすることを目的に、メディアテークが選んだ小説や絵本などがレベル別に並ぶ。

レファレンス・サービスの受付方法

東京都　日本と世界をつなぐライブラリー

国際交流基金ライブラリー

こくさいこうりゅうききんライブラリー

03-5369-6086

開架資料は自由に手に取って閲覧可能。閉架資料はスタッフまで
（写真は移転前のライブラリー内の様子）

雑誌のコーナーとパソコン利用スペース
（写真は移転前のライブラリー内の様子）

開館時間	10:00～18:00
休館日	土・日曜、祝日、毎月末日、蔵書点検期間、年末年始
入館料金 **［条件・手続き］**	無料
館外貸出 **［条件・制限］**	18歳以上のみ貸出可（身分証明書を提示。外国籍利用者は登録日より2カ月以上の日本滞在期間が必要）
書架の状態	一部開架（閉架中心）
住所	〒160-0004 東京都新宿区四谷1-6-4 四谷クルーセ　1階
アクセス	JR中央線・JR総武線・地下鉄四ツ谷駅から徒歩3～5分

※2020年5月に上記住所へ移転。夏頃よりサービスを再開する予定。最新情報は、国際交流基金ライブラリーのホームページをご参照ください。

エンゲルベルト・ケンペル著『日本誌』英語版・初版（1727-1728）。ドイツ語版やフランス語版も所蔵

レファレンス・サービスの受付方法

国際交流基金は、1972年に外務省所管の特殊法人として設立された国際文化交流の専門機関で（2003年に独立行政法人化）、「文化芸術交流」「日本語教育」「日本研究・知的交流」の3分野でさまざまな事業を行っている。

本部に設置されている専門図書館では、国際交流基金の実施事業に関する資料、国際文化交流や文化政策に関する資料、外国語で書かれた日本を紹介する図書や映像資料、日本文学作品の各国語訳などを収集し、広く一般に公開している。蔵書構成は、図書約3万6000冊、雑誌約500点、映像資料約800点。

特別コレクションとして、明治から昭和初期の絵師による美しい挿絵をちりばめ、圧縮した和紙を着物の縮緬《ちりめん》のように仕立てた「ちりめん本」や、1934年に設立された国際文化振興会（KBS）関係資料などを所蔵している。

東京都

国際協力に関わる人の心強い味方

JICA図書館

ジャイカとしょかん

03-3269-2301

図書館エントランスの様子

開館時間	10:00～17:30
休館日	土・日曜、祝日、月末の平日、年末年始
入館料金［条件・手続き］	無料
館外貸出［条件・制限］	JICAの派遣専門家・調査団員・派遣ボランティア・受入研修員・関係法人のみ貸出可（非該当者は閲覧のみ）
書架の状態	一部開架（閉架中心）
住所	〒162-8433 東京都新宿区市谷本村町10-5
アクセス	JR中央線市ヶ谷駅から徒歩10分

落ち着いた空間の閲覧室

JICA刊行物・事業成果品を閲覧することができる

レファレンス・サービスの受付方法

国際協力機構の職員、専門家、ボランティア、コンサルタント、ＮＧＯといった、幅広い立場で、開発途上国への国際協力に携わる人々の支援を目的とした専門図書館。

国際協力、開発援助、技術移転などに関する一般図書や逐次刊行物、ＪＩＣＡ刊行物・事業成果品、地図を中心に資料を収集し、特にＪＩＣＡが作成した報告書（約6万点）については、ＰＤＦデータをオンライン上でも公開している。利用者のニーズを考え、世界各国の社会、政治、経済、法律の事情について書かれた最新資料を国や地域の区分ごとに分けて整理しており、関心のある場所の資料を容易にリストアップすることを可能にした。

また、ＪＩＣＡ事業の概要や、海外でのプロジェクトを紹介するＤＶＤなどの映像資料も閲覧できる。

東京都

朝鮮・中国を中心とした蔵書を一般に公開

学習院大学東洋文化研究所

がくしゅういんだいがくとうようぶんかけんきゅうしょ

03-5992-1015

開館時間	9:30〜11:30、12:30〜16:30 (土曜は9:30〜11:30)
休館日	日曜、祝日、大学休暇期間、その他大学行事等による臨時休あり
入館料金 [条件・手続き]	無料(身分証明書を提示)
館外貸出 [条件・制限]	大学関係者のみ貸出可。一部資料は貸出不可 (非該当者は閲覧のみ)
書架の状態	一部開架(閉架中心)
住所	〒171-8588　東京都豊島区目白1-5-1
アクセス	JR山手線目白駅から徒歩5分

書架には中国・朝鮮を中心とした資料がそろう

朝鮮、中国、日本、その他アジア地域の諸民族に関する人文・社会科学の研究文献を収集している。特に朝鮮関係資料は充実しており、なかでも稀少かつ資料的価値の極めて高い「友邦文庫」は、朝鮮総督府の関係者が持ち寄った政策立案段階のメモ、手書きの報告書等をも含む一次史料、関係者の録音資料などが含まれており、国際的にも注目されている。

レファレンス・サービスの受付方法

東京都

韓国の文化を身近に感じる空間

韓国文化院図書映像資料室

かんこくぶんかいんとしょえいぞうしりょうしつ

03-3357-6071

開館時間	10:30〜18:30(土曜は〜17:30)
休館日	月・日曜、祝日、3月1日、8月15日、10月3日・9日、年末年始
入館料金 [条件・手続き]	無料
館外貸出 [条件・制限]	可(要会員登録。一部資料は貸出不可)
書架の状態	開架
住所	〒160-0004　東京都新宿区四谷4-4-10
アクセス	地下鉄四谷三丁目駅から徒歩3分

韓国十進分類法(KDC)の分類番号順に並ぶ書架

日本における韓国文化の総合窓口の役割を担う、韓国文化院の施設のひとつとして開設。専門資料室として、韓国の芸術、文学、歴史、語学などの資料を中心に韓国の文化を紹介する図書約3万冊(日本語図書1万冊、韓国語図書2万冊)、韓国の絵本や学習マンガなどの児童書約3000冊を所蔵。資料室内のブースでは、韓国映画・ドラマのDVDも視聴できる。

レファレンス・サービスの受付方法

東京都

現代ドイツに関する図書や各種資料を収集

ゲーテ・インスティトゥート東京図書館

ゲーテ・インスティトゥートとうきょうとしょかん

📞03-3584-3203

開館時間	10:00〜19:00(土・日曜は11:00〜17:00)
休館日	月曜、祝日、GW・盆時期・年末年始
入館料金 [条件・手続き]	無料
館外貸出 [条件・制限]	可(身分証明書を提示)
書架の状態	開架
住所	〒107-0052　東京都港区赤坂7-5-56
アクセス	地下鉄青山一丁目駅から徒歩7分

館内の様子

ドイツの文化、社会、政治などに関する最新の情報を提供しているゲーテ・インスティトゥート東京。施設内にある図書室は、現代のドイツを紹介するコンセプトで活動中。主に現代ドイツ語圏文学と芸術がテーマで、書籍や映画、音楽、各種アプリやゲームなどをドイツ語と日本語で提供。約30〜40種の雑誌も所蔵しており、ドイツの「今」をチェックできる。

レファレンス・サービスの受付方法

東京都

持続可能な未来の構築に貢献

国連大学図書館

こくれんだいがくとしょかん

📞03-5467-1359

開館時間	10:00〜13:00、14:00〜17:30
休館日	水・土・日曜、国連大学の休日
入館料金 [条件・手続き]	無料
館外貸出 [条件・制限]	国連大学学生・職員・大学協定校の学生・大学協力会会員のみ貸出可(非該当者は閲覧のみ)
書架の状態	開架
住所	〒150-8925　東京都渋谷区神宮前5-53-70
アクセス	JR山手線渋谷駅から徒歩7分

図書館入口にあるカウンター　画像提供:国際連合大学

1973年、第28回国連総会で「国連大学憲章」が採択され、1975年に東京でその活動が始まった国連大学。図書館では図書約3万冊、電子ジャーナル約2万タイトル、電子本約2000冊などを所蔵し、国連大学サステイナビリティ高等研究所の研究テーマ1. 持続可能な社会、2. 自然資本と生物多様性、3. 地球環境の変化とレジリエンスについての関連資料を収集している。

レファレンス・サービスの受付方法

上智大学ヨーロッパ研究所

じょうちだいがくヨーロッパけんきゅうしょ

03-3238-3902

約4万冊のコレクションは、ドイツ語・スペイン語・ポルトガル語など洋書が中心

開館時間	10:00～11:30、12:30～17:00
休館日	土・日曜、祝日、大学休暇期間
入館料金［条件・手続き］	無料
館外貸出［条件・制限］	可（窓口にて所定の用紙に氏名・連絡先等の記入）
書架の状態	開架
住所	〒102-8554 東京都千代田区紀尾井町7-1 中央図書館　7階
アクセス	JR中央線四ツ谷駅から徒歩5分

学外の利用者は、研究所の受付にて貸出・返却手続きを行う

スペイン内乱文庫は、1930年代のスペイン内戦当時の世論を知る上で、非常に貴重な資料となる

レファレンス・サービスの受付方法

「政治・経済・社会」「芸術・文化」「言語」「歴史」の4つの視点からヨーロッパ全域を研究領域とし、国内外の類似研究機関との差別化を図り、共同研究の推進を目指している。

洋書約4万冊、和書約3000冊の蔵書の内訳は、ヨーロッパ、ドイツ、オーストリア、スイス、イスパニア、ポルトガルの各文庫、さらにスペイン内乱文庫（図書、新聞や雑誌の切り抜きデジタル資料）、スペイン音楽関係資料、EU公式刊行物など多岐にわたる。なかでもオーストリア文庫は大使館より、スイス文庫はPro Helvetia財団より毎年図書の寄贈を受けている。またスペイン内乱文庫は、1930年代のスペイン内戦関連の希少資料として、日本のスペイン歴史研究に大きく貢献している。

各文庫の詳細は、研究所ウェブサイト「蔵書」ページからも見ることができる。

日仏会館図書室

にちふつかいかんとしょしつ

03-5421-7643

閲覧室と雑誌架の様子

開館時間	13:00〜18:00
休館日	月・日曜、祝日、7月14日、12月25日、夏期休館あり、年末年始
入館料金［条件・手続き］	無料
館外貸出［条件・制限］	可（要会員登録、有料）
書架の状態	開架（一部閉架の資料あり）
住所	〒150-0013 東京都渋谷区恵比寿3-9-25
アクセス	JR山手線・地下鉄恵比寿駅から徒歩10分

閲覧室と参考図書の書架（左奥）、和書の書架（右側）

カウンター。国内外の図書館間相互貸借サービスも受け付けている

レファレンス・サービスの受付方法

日仏会館は、渋沢栄一《しぶさわえいいち》と詩人・劇作家でもあった当時の駐日フランス大使ポール・クローデルを中心に、日仏両国の協力により1924年に設立された。

公益財団法人日仏会館内に置かれ、日仏会館・フランス国立日本研究所（フランス外務・ヨーロッパ問題省およびフランス国立科学研究センター〈CNRS〉共同所管の研究機関）によって運営されている。フランスの人文社会科学における研究情報やフランスで議論されている情報を提供。約5万冊の蔵書のうち、9割がフランス語資料、約5000冊のフランス関係の日本語資料を所蔵。日本・アジアに関するフランス語の研究書や翻訳書も重点的に収集。在日フランス系図書室共通目録でオンライン蔵書検索ができる。

日仏の翻訳関係者を招いて話を聞く「日仏の翻訳者を囲んで」や、読書会などのイベントも定期的に開催。

東京都

ドイツ語表記の日本関連資料が豊富にそろう

COPY OPAC

ドイツ日本研究所図書室

ドイツにほんけんきゅうじょとしょしつ

03-3222-5273

開館時間	10:00～16:00
休館日	土・日曜、祝日、復活祭・クリスマス休館あり、年末年始
入館料金［条件・手続き］	無料（要予約）
館外貸出［条件・制限］	不可（閲覧のみ。貸出は図書館間相互貸借のみ受付）
書架の状態	開架
住所	〒102-0094 東京都千代田区紀尾井町7-1 上智紀尾井坂ビル　2階
アクセス	地下鉄赤坂見附駅から徒歩7分

書架には、ドイツ語で書かれた日本に関する資料が並ぶ

ドイツ語で書かれた日本に関する資料を収集する専門図書館として、1988年に開設。約2万冊の図書と雑誌タイトル約370誌を所蔵し、日独交流、日欧交流、洋学に関する文献も重点的に収集している。OPACは書誌のみならず、図書や雑誌に所収されている論文・抜刷もデータベース化しており、3カ国語（日本語、ドイツ語、英語）による検索が可能である。

レファレンス・サービスの受付方法

東京都

世界各地域の言語の資料を有する図書館

COPY OPAC

東京外国語大学附属図書館

とうきょうがいこくごだいがくふぞくとしょかん

042-330-5193

開館時間	9:00～21:45（授業期間外は～17:00、授業期間中の土・日曜は13:00～18:45）
休館日	土・日曜（授業期間中は開館）、毎月最終水曜（授業日の場合は開館）、祝日、年末年始
入館料金［条件・手続き］	無料（身分証明書を提示）
館外貸出［条件・制限］	不可（閲覧のみ）
書架の状態	開架
住所	〒183-8534　東京都府中市朝日町3-11-1
アクセス	西武多摩川線多磨駅から徒歩5分

2階閲覧室は世界の辞書・事典類、雑誌、新聞のフロア

歴史ある外国語大学の図書館として、世界各地域の言語の資料からなる蔵書は約80万冊、うち7割ほどが外国語資料という特色を持つ。語学・言語学関係の図書のみならず、人文・社会科学系の図書も幅広く収集対象とし、また、大学に附置されたアジア・アフリカ言語文化研究所の蔵書の多くを配置するなど、世界各地の地域研究資料を所蔵する。

レファレンス・サービスの受付方法

東京都

国際共通語エスペラントの普及・発展に寄与

日本エスペラント協会エスペラント図書館

にほんエスペラントきょうかいエスペラントとしょかん

03-3203-4581

開館時間	10:00〜18:00
休館日	月・日曜、祝日
入館料金［条件・手続き］	無料(利用は日本エスペラント協会会員またはエスペラント学関連分野の研究者のみ。事務局にて要受付)
館外貸出［条件・制限］	不可(閲覧のみ)
書架の状態	開架
住所	〒162-0042　東京都新宿区早稲田町12-3
アクセス	地下鉄早稲田駅からすぐ

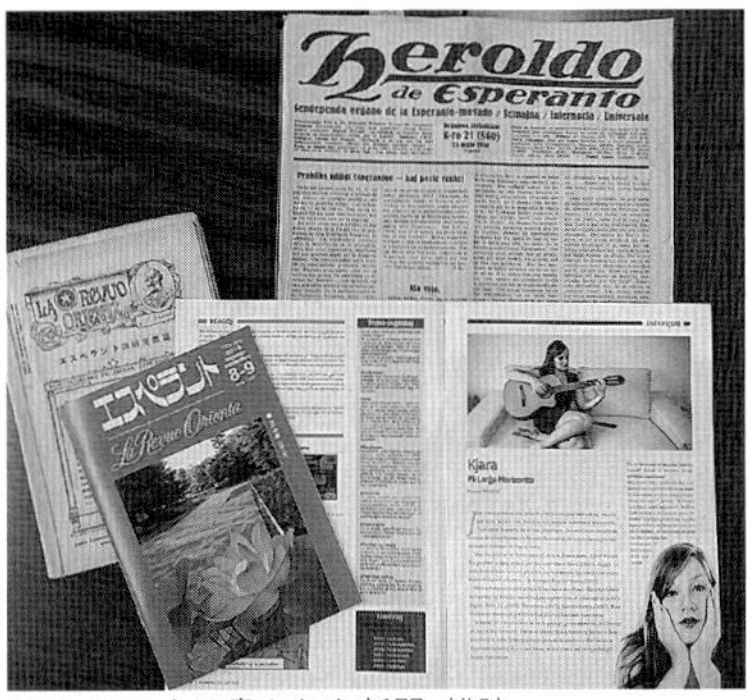

エスペラントで書かれた新聞・雑誌

1887年に現在のポーランドで発表された国際語「エスペラント」に特化した図書館。蔵書は、各分野のエスペラント図書(翻訳を含む)、各国語によるエスペラントの入門書・講習書、エスペランティストによる著書、エスペラント関連の学術論文、歴代のエスペラント大会関連資料など1万5000点を超え、流通量の少ない希少資料も数多く所蔵している。

レファレンス・サービスの受付方法

東京都

国際問題についての見識を深める

日本国際問題研究所図書・資料閲覧室

にほんこくさいもんだいけんきゅうじょとしょ・しりょうえつらんしつ

03-3503-7263

開館時間	10:00〜17:00
休館日	土・日曜、祝日、夏期休館あり、年末年始
入館料金［条件・手続き］	無料(身分証明書を提示)
館外貸出［条件・制限］	不可(閲覧のみ)
書架の状態	一部開架(閉架中心)
住所	〒100-0013 東京都千代田区霞が関3-8-1 虎の門三井ビルディング　3階
アクセス	地下鉄虎ノ門駅からすぐ

閲覧室の様子

日本国際問題研究所図書・資料閲覧室は、国際問題についての調査研究を実施するため、2017年に公益財団法人日本国際問題研究所のもとに設置された。収集・整理された国内外の書籍や文献・資料は、研究所での調査や討究に役立てるほか、広く一般にも公開している(利用の際は来室日時を要事前連絡)。

レファレンス・サービスの受付方法

※PCの持ち込み、Wi-Fi設備は「情報フォーラム」のみ対応可

あーすぷらざ
映像ライブラリー・情報フォーラム

あーすぷらざえいぞうライブラリー・じょうほうフォーラム

045-896-2976/2977

映像ライブラリー内、こどもコーナー。なかには外国語の絵本もあり、30以上の言語のものを所蔵している

開館時間	［映像ライブラリー］9:00〜17:00、 ［情報フォーラム］9:00〜20:00、 （土・日曜、祝日は9:00〜17:00）
休館日	月曜（祝日の場合は開館）、年末年始
入館料金［条件・手続き］	無料
館外貸出［条件・制限］	神奈川県内在住・在勤・在学かつ利用登録者のみ貸出可。一部資料は貸出不可（非該当者は閲覧のみ）
書架の状態	開架
住所	〒247-0007 神奈川県横浜市栄区小菅ケ谷1-2-1
アクセス	JR根岸線本郷台駅から徒歩3分

情報フォーラム内、外国人サポートコーナーの資料。外国ルーツの方やその支援者に向けて、暮らしに役立つ情報をそろえている

映像ライブラリー内、映像視聴席。国際理解・人権・平和・環境・多文化共生の分野にわたる映像資料が視聴できる

レファレンス・サービスの受付方法

神奈川県立地球市民かながわプラザ（通称あーすぷらざ）は、「こどもの豊かな感性の育成」「地球市民意識の醸成」「国際活動の支援」を目的として設立された総合施設。

施設内の映像ライブラリーと情報フォーラムは、専門図書室として、世界の多様な文化に触れ、環境・平和・人権など世界規模で起きているさまざまな問題について考えることができる図書約4万5000冊、雑誌約130タイトル、映像資料約2600点を所蔵。

映像ライブラリーでは、ドキュメンタリーやアニメーション作品などを視聴することができ、同フロア内に設けられたこどもコーナーには、国内外の絵本が数多く並ぶ。

情報フォーラムでは、教員の授業づくりに役立つ資料、国際交流・協力活動・NPO活動に資する情報、市民活動のためのスペース、多言語での相談に応じる「外国人相談窓口」や日本語学習資料などを提供してくれる。

⬇インタビュー記事159ページ

東京都

スペインやスペイン語圏に関連した作品が豊富

フェデリコ・ガルシア・ロルカ図書館

フェデリコ・ガルシア・ロルカとしょかん

03-5210-1704

開館時間	11:00〜19:00(土曜は〜17:30)
休館日	月・日曜、センターの休館に準じた臨時休あり
入館料金［条件・手続き］	無料
館外貸出［条件・制限］	可(要会員登録、登録料は年間3300円、学生および60歳以上は2500円。一部資料は貸出不可)
書架の状態	開架
住所	〒102-0085 東京都千代田区六番町2-9 セルバンテスビル 6階
アクセス	地下鉄麹町駅から徒歩3分

スペインやラテンアメリカの著名な作家の作品がずらりと並ぶ

スペイン政府が設立したインスティトゥト・セルバンテス東京の付設機関として2008年に開館。スペインやラテンアメリカ諸国に関連する2万冊の蔵書、DVDやCDなどがそろう。スペイン語の教材も充実し、語学学習者の利用も多い。また、一般的にスペイン語とされているカスティーリャ語の文献だけではなく、カタルーニャ語やバスク語、ガリシア語の資料も所蔵。

レファレンス・サービスの受付方法

山梨県

国語学者・金田一春彦博士の資料を多数展示

北杜市金田一春彦記念図書館

ほくとしきんだいちはるひこきねんとしょかん

0551-38-1211

開館時間	10:00〜19:00 (7月第3月曜〜8月31日は9:00〜)
休館日	月曜、月末の平日(7月末は無休)、特別整理期間、年末年始
入館料金［条件・手続き］	無料
館外貸出［条件・制限］	可(身分証明書を提示)
書架の状態	開架
住所	〒409-1502 山梨県北杜市大泉町谷戸3000
アクセス	中央自動車道長坂ICから一般道を大泉高原方面へ車で約3.5km

金田一春彦博士の寄贈資料を所蔵・公開している

図書館内に併設されている「金田一春彦ことばの資料館」では、金田一春彦国語博士から寄贈された2万冊余りの文献(主にことばや方言に関する資料)を所蔵している。また、「日本の方言コーナー」には全国方言ライブラリーがあり、都道府県別の方言をエリアごとに音声・映像で楽しめる。金田一博士の直筆原稿など、貴重な資料が並ぶ展示ブースも見どころのひとつ。

レファレンス・サービスの受付方法

愛知県

国際社会の中で平和に生きていくために

愛知大学国際問題研究所

あいちだいがくこくさいもんだいけんきゅうじょ

052-564-6121

開館時間	9:00〜12:00、13:00〜17:00 （土曜は9:00〜12:30）
休館日	日曜、祝日、その他臨時休あり、要問合せ
入館料金 [条件・手続き]	無料（身分証明書を提示）
館外貸出 [条件・制限]	不可（閲覧のみ）
書架の状態	一部開架（閉架中心）
住所	〒453-8777 愛知県名古屋市中村区平池町4-60-6
アクセス	名古屋臨海高速鉄道あおなみ線ささしまライブ駅からすぐ

※URLはhttps://www.aichi-u.ac.jp/aiia

愛知大学名古屋校舎・厚生棟3階にある研究所の入り口

「世界文化と平和に寄与すべき新日本の建設に適する国際的教養と視野を持つ人材の育成」を建学の精神として1946年に創立された愛知大学の附属機関（1948年設立）。中国を中心としたアジア諸国の社会科学資料全般を主に収集。蔵書構成は図書約8万冊、雑誌約450種、新聞約40種で、近現代の戦争史や南満州鉄道（満鉄）、LT/MT貿易に関する貴重な資料群も所蔵。

レファレンス・サービスの受付方法

京都府

アジア・アフリカを対象とする地域研究に特化

京都大学大学院アジア・アフリカ地域研究研究科図書室

きょうとだいがくだいがくいん

アジア・アフリカちいきけんきゅうけんきゅうかとしょしつ

075-753-9638（アジア）／075-753-7816（アフリカ）

開館時間	アジア地域研究研究科図書室は10:00〜13:00、14:00〜18:00、アフリカ地域研究研究科図書室は9:00〜12:00、13:00〜17:00
休館日	土・日曜、祝日、6月18日、年末年始
入館料金 [条件・手続き]	無料
館外貸出 [条件・制限]	不可（閲覧のみ）
書架の状態	一部開架（閉架中心）
住所	〒606-8501 京都府京都市左京区吉田本町 総合研究2号館AA421（アジア） 京都府京都市左京区吉田下阿達町46（アフリカ）
アクセス	京阪鴨東線出町柳駅から徒歩7分（アジア） 京阪鴨東線神宮丸太町駅から徒歩5分（アフリカ）

2001年から刊行している『アジア・アフリカ地域研究』

アフリカ専攻図書室は、1998年の京都大学大学院アジア・アフリカ地域研究研究科設立時に開設され、2007年にはアジア専攻図書室が設置された。主に南・西・東南アジア、アフリカを対象とした地域研究を行っているため、現地語で書かれた文献も含めた関連資料を幅広く収集している。貴重な蔵書類は、インターネット上の京都大学OPAC「KULINE」からも検索可能。

レファレンス・サービスの受付方法

京都府

ドイツの最新情報が手に入る図書室

ゲーテ・インスティトゥート大阪・京都図書室

ゲーテ・インスティトゥートおおさか・きょうととしょしつ

075-761-2188

開館時間	12:00～17:30
休館日	月・日曜、祝日、夏期休館あり、年末年始
入館料金［条件・手続き］	無料
館外貸出［条件・制限］	不可（閲覧のみ）
書架の状態	開架
住所	〒606-8305 京都府京都市左京区吉田河原町19-3
アクセス	京阪鴨東線神宮丸太町駅から徒歩6分

レファレンス・サービスの受付方法

ゆったりとくつろげる閲覧室

ドイツの文化機関の図書室として、ドイツの現代文化・社会の情報を発信し、トークやゲームの集いを開催するなど、異文化交流の場として広く一般に開放。蔵書のテーマはドイツの現代アート、文化、社会、ライフスタイルが中心で、室内にはドイツ語と日本語の資料が並んでいる。来館者は併設のドイツカフェ「カフェ・ミュラー」でも読書を楽しむことができる。

京都府

世界の雑誌や絵本を直接手にして楽しめる

kokoka京都市国際交流会館図書・資料室

ココカきょうとしこくさいこうりゅうかいかんとしょ・しりょうしつ

075-752-1187

開館時間	9:30～20:30
休館日	月曜（祝日の場合は翌平日）、毎月末日、年末年始
入館料金［条件・手続き］	無料
館外貸出［条件・制限］	不可（閲覧のみ）
書架の状態	開架
住所	〒606-8536 京都府京都市左京区粟田口鳥居町2-1
アクセス	地下鉄蹴上駅から徒歩6分

レファレンス・サービスの受付方法

アジアや欧米各国の雑誌も配架。各国の最新情報を閲覧可

京都市の国際交流の拠点として開館した、kokoka京都市国際交流会館の付設図書・資料室。多文化共生や国際理解に関する資料を中心に約3万冊を所蔵。日本語学習教材や日本の生活習慣、文化を知るための書籍など、在住外国人の生活支援につながる選書に力を入れている。また、市民の国際理解推進に寄与することを目的とし、海外事情などを知るための蔵書もそろう。

私たちはそうした資料を検索して、リンク集を作成するとともに、インターネットが利用しづらい環境にある利用者の便宜も考え、ダウンロードし印刷して、ファイリングしたものを閲覧できるようにしています。

先ほど相談窓口と資料と司書が一体化していることが私たちの特徴であると申し上げましたが、利用者にどのようなニーズがあるのかを司書が知るためにも、相談窓口を併設していることがとても重要であると考えています。

たとえば、最近は高校入試の情報だけでなく、大学入試の情報を求める人も増えているなとか、大学生のレポートの書き方だとか、大学入学以降のサポートの仕方の情報を求めていることがわかると、そういう資料を取り寄せたりして「外国人サポートコーナー」に配架しています。

相談窓口と司書との連携が重要

情報フォーラムでは、司書と、教育相談コーディネーター・サポーターが、カウンターを並べて仕事をしています。お互い資料について情報交換したり、相談対応中に司書も一緒に資料を探したり、利用者との何気ない会話から課題を発見し、司書から相談窓口につなげたりすることもあります。司書と教育相談コーディネーター・サポーターの連携による課題解決の方法があるのが魅力だと感じています。

図書館は、誰でも自由に自主的に学べる空間

今井は、もともと中学校で国語科の非常勤講師を務めていたのですが、「決められた枠組みで何かを教えるよりは、図書館のような生涯学習の場で、大人も子どもも、どんな立場の人でも学歴や職業も関係なく、誰でも自由に自主的に学べる空間で、必要とされるサポートをするほうが自分の性にあっているのではないか」と思い、司書のほうに方向転換することに決め、通信制の大学で図書館司書資格を取得しました。大学図書館をメインに10年ほど勤めてきたのですが、もっと幅広い立場の人たちに接したいと思っていた時に、あーすぷらざの募集を知り、勤めることになりました。ずっと以前から環境問題など、地球規模の問題にも関心がありました。

一人ひとりにあった情報を提供したい

石井は、大学卒業後、情報誌制作に7年ほど携わっていました。マスメディアの仕事は、どうしても広く大衆に向けた情報になりがちなのですが、もっと一人ひとりにあった情報を届けたい、少数の声にも耳を傾け、対話を通して情報を整理して、提供するのが理想だと思うようになりました。

そこで、司書講習で司書資格を取得したのですが、同時に地域日本語教室のボランティアとして、横浜市南区で地域に暮らす外国にルーツのある人と関わるようになったり、県立高校図書館で週1回開催されている「校内居場所カフェ」でボランティアをしたりして、図書館を起点とした場づくりに関心を持つようになりました。あーすぷらざの司書になって4年目です。

多文化共生が自然な形で生まれる空間

情報フォーラムでは、日本語の教材類の貸出が多いと感じています。最近、日本語ボランティア募集のチラシを見かけることが多いので、日本語教育へのニーズはとても増えてきているのだと思います。

地域に暮らす、いわゆる「生活者としての外国人」の日本語教育を支えているのは、日本語学校の日本語教師だけでなく、多くの地域のボランティアであることを実感しています。

教材としては、外国にルーツのある人向けのものだけではなく、たとえば、「葛西ことばのテーブル」が製作しているような言語障害や学習障害の人向けの教材も収集し、ことばの学習に役立つ資料を幅広く所蔵するように心がけています。「よむよむ文庫」のような日本語多読教材も活用されています。

情報フォーラム内の市民活動スペースでは日本語教室も開催されているのですが、そこで普段日本語を勉強している外国にルーツのある人が、日本語教室のない日に、日本語ボランティアに自分の母語を教えている場面を見かけることがあります。日本語教室とは別に、そうした交流が自然な形で生まれているのを見かけると、情報フォーラムのようなスペースが地域にあることの意味を感じます。　（2020年7月7日取材）

➡あーすぷらざ 映像ライブラリー・情報フォーラム p.154

INTERVIEW

外国にルーツのある人たちの暮らしや学習を支える

あーすぷらざ 映像ライブラリー・情報フォーラム

司書 **今井美和**さん（写真右）、**石井裕子**さん（写真左）

世界とつながる専門図書館として

横浜市栄区にある神奈川県立地球市民かながわプラザ（あーすぷらざ）の2階に、私たちが勤める映像ライブラリーと情報フォーラムがあります。

映像ライブラリーでは、本や映像作品を大人も子どもも楽しめます。絵本の中には、マッチング絵本（『おおきなかぶ』のロシア語版と日本語版のように、同じ作品の日本語版と他の言語版をセットで用意したもの）もあります。

情報フォーラムには、新聞・雑誌・ニュースレターなどの資料の他に、市民活動を支援するための資料やスペースもあり、教員の授業づくりに役立つ資料を揃えた「地球市民学習コーナー」もあります。また、大きな特徴として、「外国人サポートコーナー」を設置し、「にほんご」「きょういく」「くらし」の3つの柱で資料を揃え、外国にルーツのある人へのサポートを行っています。

外国にルーツのある人の相談窓口

情報フォーラムでは、図書館機能だけでなく、外国にルーツのある人のための相談窓口として、「外国人一般相談・法律相談」「外国人教育相談」を行っています。

一般相談では、外国にルーツのある人の仕事・労働、医療・福祉・年金、国籍など、くらし全般にかかわることを相談できます。また、教育相談では、相談者と同じ言語圏出身の相談サポーターと、日本人の相談コーディネーターが協力しながら、来所、電話、ファックス、Eメールなどによる対応を行っています。

このような相談窓口自体は、全国各地にあると思いますが、私どものように、資料と司書と相談窓口が一体となっている施設はきわめて珍しいと思います。

こうしたサービスが公共図書館のような誰でも利用しやすい施設で、図書や雑誌といった専門的な資料や、地域の情報とともに、提供される流れが広がっていけばいいなと思います。

相談窓口・資料・司書の一体化

情報フォーラムを利用される外国にルーツのある人の母語は、タガログ語、ポルトガル語、中国語、スペイン語などが多いです。神奈川県では最近ベトナム語を母語とする人も増えてきているようです。

曜日により、たとえば火曜日にはタガログ語のわかる人が常駐しているように決めているので、利用者はその情報を目安に来所されていると思います。

相談内容で多いのは、「日本の学校のしくみがわからない」とか、「（宗教の関係から）学校給食で出される食事の中身を知りたい」などです。

逆に学校の先生のほうから、外国にルーツのある児童・生徒に対してどのようなことに配慮すればよいかといった質問もあります。

教育以外にも、住居の探し方やゴミの出し方、病院のかかり方など、ニーズは多岐にわたります。

そのようなニーズを支える資料は、ニーズが限られていることや、多言語にわたるため、出版されていない資料が多いのですが、近年はインターネット上に有用な情報がたくさん公開されています。

大阪府

オーストラリアに特化した国内唯一の図書室

追手門学院大学附属図書館オーストラリア・ライブラリー

おうてもんがくいんだいがくふぞくとしょかんオーストラリア・ライブラリー

072-641-9639

開館時間	9:00〜19:50(平日の授業期間)
休館日	土・日曜、祝日、大学の休学に準じた臨時休あり
入館料金［条件・手続き］	無料(所属機関の紹介状を提示。要事前連絡。紹介状がない場合は来館時に要申請)
館外貸出［条件・制限］	隣接市町村の成人かつライブラリーカード登録者のみ貸出可。一部資料は貸出不可(非該当者は閲覧のみ)
書架の状態	開架
住所	〒567-8502 大阪府茨木市西安威2-1-15 安威キャンパス内
アクセス	JR京都線茨木駅から阪急バス追手門学院前行きで25分、終点下車すぐ (JR茨木駅、阪急茨木市駅近くからスクールバスあり。時刻表は追手門学院大学のホームページをご参照ください)

レファレンス・サービスの受付方法

所蔵資料を用いたテーマ展示も行われている

追手門学院大学附属図書館内に開設したオーストラリア・ライブラリーは、日本国内では唯一のオーストラリア専門の図書室。2007年にオーストラリア政府から「豪日交流基金寄贈書」が寄贈され、現在の蔵書数は約1万6000冊。収集資料は、オーストラリアの歴史、経済、産業、文化、芸術など各分野にまたがっており、先住民アボリジニに関する図書も多数。

大阪府

便利な機能がそろった国際交流の情報拠点

大阪国際交流センターインフォメーションセンター

おおさかこくさいこうりゅうセンターインフォメーションセンター

06-6773-8989

開館時間	9:00〜19:00(土・日曜、祝日は〜17:30)
休館日	年末年始
入館料金［条件・手続き］	無料
館外貸出［条件・制限］	財団会員のみ貸出可(非会員は閲覧のみ)
書架の状態	開架
住所	〒543-0001 大阪府大阪市天王寺区上本町8-2-6
アクセス	近鉄「大阪上本町駅」から徒歩8分

レファレンス・サービスの受付方法

約4500点の図書、約600点の映像資料を所蔵

市民レベルの国際交流の場、市民の国際感覚を培う場として設立された大阪国際交流センター。インフォメーションセンターでは、外国人住民をはじめとする市民の国際交流の情報拠点として、多文化共生、国際交流や協力、留学生支援に関する情報・図書・映像資料を提供。特に外国人住民への生活支援や日本語学習に役立つ情報などを中心に配架している。

広島県

国際交流・協力に関する情報を提供

広島平和文化センター国際交流ラウンジ・図書コーナー

ひろしまへいわぶんかセンターこくさいこうりゅうラウンジ・としょコーナー

082-247-9715

開館時間	9:00〜19:00(10月〜翌3月は〜18:00)
休館日	年末年始
入館料金[条件・手続き]	無料
館外貸出[条件・制限]	広島市内在住・在勤・在学者のみ貸出可。一部資料は貸出不可(非該当者は閲覧のみ)
書架の状態	開架
住所	〒730-0811 広島県広島市中区中島町1-5 広島国際会議場 1階
アクセス	JR広島駅から広島バス吉島方面行きで15分、平和記念公園下車すぐ

洋書を中心に幅広くそろえられた資料

広島国際会議場内の施設として1989年に開館した国際交流ラウンジ内には、洋書を中心とした図書コーナーが併設されている。洋書については分野を限定せずに幅広く収集し、日本の文学作品や漫画、絵本の翻訳版が数多くそろう。和書は国際交流や協力関係の分野を中心に、海外事情、多文化共生に関する資料を所蔵しており、国籍を問わず利用できる施設。

レファレンス・サービスの受付方法

福岡県

各国から直接購入した貴重な統計資料を公開

アジア成長研究所図書資料室

アジアせいちょうけんきゅうしょとしょしりょうしつ

093-583-6202

開館時間	10:00〜12:00、13:00〜16:00
休館日	土・日曜、祝日、年末年始
入館料金[条件・手続き]	無料(荷物の持込制限あり)
館外貸出[条件・制限]	不可(閲覧のみ)
書架の状態	一部開架(閉架中心)
住所	〒803-0814 福岡県北九州市小倉北区大手町11-4 北九州市大手町ビル(ムーブ) 7階
アクセス	JR鹿児島本線西小倉駅から西鉄バスで8分、「西小倉駅前」→「ソレイユホール・ムーブ前」下車すぐ

多数の中国の統計書を所蔵

閲覧席

約1万3900件の経済統計年鑑、工業統計年鑑、地域年鑑、学術雑誌などを所蔵している資料室。また、約2万6400件の哲学、歴史、政治、経済学(一般・原論、人的資源の経済学、自然科学の経済学、環境経済学、起業の経済学)をはじめとした関連資料、産業・運輸・観光業、教育、風俗習慣、民俗学、辞典、九州・北九州地方の資料、地理、地図などもそろう。

レファレンス・サービスの受付方法

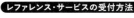

ネットで調べられる専門図書館サイト

ネット上で、専門図書館のガイドをしているサイトです。実際の利用に際しては各館のホームページ等で確認してください。

●東京都立図書館「専門図書館ガイド」 https://senmonlib.metro.tokyo.lg.jp/

東京都および近県の約450館の公開専門図書館（限定公開も含む）のデータベース。東京都立図書館が日常行っている情報提供サービスにおいて、利用者に専門図書館を照会するために作成したものを公開している。データは2005年調査に基づき、それ以降の変更は、可能な限りの調査をしている。機関名や分類などで検索でき、各館の利用案内やサービス内容、蔵書の特徴、特殊コレクションなどの情報を知ることができる。

●大阪府立図書館「大阪近辺類縁機関案内」 https://www.library.pref.osaka.jp/site/ruien/

大阪府とその近県（京都府、滋賀県、奈良県、和歌山県、兵庫県）にある一般公開あるいは紹介状等を必要とする専門図書館約160館を紹介するデータベース。分野、地域、機関名50音順から調べられる。所蔵資料や利用案内、サービス内容などの情報が、施設の写真とともに掲載されている。

●『専門情報機関総覧』およびWeb版（専門図書館協議会 2018）

専門図書館協議会が調査編集した、国、地方公共団体、公益法人、企業、大学などが設置する全国の専門図書館約1,600館が掲載された総覧で、3年に1回改訂される。一般公開や限定公開の専門図書館も含まれている。各館の蔵書内容やサービスなど利用のための情報のみならず、職員数や予算などの詳しいデータも掲載されている。冊子体を購入すると、本書のWeb版が利用でき、キーワードなど多角的な検索ができる。

専門図書館の蔵書横断検索サイト

●ディープライブラリー（dlib.jp） https://dlib.jp/

専門図書館の蔵書を横断検索できるワンストップサービスのシステムである。専門図書館の持つ情報を各館のOPACを横断検索することにより調べることができる。見つけたい情報のキーワードを入力すると、キーワードが含まれる関連書籍とその所蔵館を探し出すことができるしくみとなっている。現在160館の専門図書館が対象となっている。

専門図書館の持つ情報はOPACを調べるだけでは不十分なことがあるため、ディープライブラリー（dlib.jp）で見つけた専門図書館へ連絡し、図書館員とコンタクトを取ることが重要となる。OPACに反映されていない蔵書や、思いがけない情報が手に入る可能性があるからである。読者が目的とする資料タイトルを探すだけではなく、関連情報を持っている図書館や、調べたいテーマに強い図書館はどこかを探すということがこのシステムの重要なコンセプトである。

●美術図書館横断検索（ALC search《アルクサーチ》） https://alc.opac.jp/search/all/

美術図書館連絡会が公開している横断検索システム。加盟館の蔵書を横断検索することができる。美術図書館の蔵書の中で特徴的な展覧会カタログについては、「展覧会カタログ」という項目から検索できる。

加盟館は12館。神奈川県立近代美術館美術図書室、国立国際美術館、国立新美術館アートライブラリー、国立西洋美術館研究資料センター、東京国立近代美術館アートライブラリ・工芸館図書閲覧室、東京国立博物館資料館、東京都江戸東京博物館図書室、東京都現代美術館美術図書室、東京都写真美術館図書室、東京都美術館美術情報室、横浜美術館美術情報センター、吉野石膏美術振興財団アートライブラリー。

●東京資料サーチ https://www.library.metro.tokyo.lg.jp/lib_info_tokyo/cooperation/tokyo_search/

東京都や都内の区市町村の行政資料、東京の地域に関する資料・情報を収集・提供している8つの図書館・資料室の蔵書約600万冊を、一括して検索できるシステム。

参加館は以下の8機関。東京都立図書館、東京都江戸東京博物館図書室、東京都議会図書館、特別区自治情報・交流センター、首都大学東京図書館、後藤・安田記念東京都市研究所市政専門図書館、東京都公文書館、東京ウィメンズプラザ図書資料室。東京都立図書館の検索システムを使って検索する。

●カーリル https://calil.jp/

全国の公共図書館や、約300の専門図書館の所蔵情報と貸し出し状況を簡単に検索できる。1度の検索で複数の図書館の蔵書とAmazon等の書誌データベースを同時に検索する統合検索であるため、図書館にない本であってもその本の情報を見ることができる。検索の際に、地名を検索の選択肢に加えることで、近くの図書館でほしい本が貸出可能であるかがすぐわかる。

（2020年7月20日現在）

つ

て

と

な

に

の

は

ひ

す

せ

そ

た

ち

き

く

け

こ

さ

し

キーワード索引

な

に

す

せ

そ

た

ち

つ

て

と

さ

し

き

け

こ

索引凡例

索引は、図書館名索引と、キーワード索引があります。

図書館名索引は、図書館データ、インタビュー記事、レファレンス事例の対象となっている図書館名を探す索引です。設置団体名や別称・通称などからも探すことができます。

キーワード索引は、図書館が扱っているテーマから引ける索引です。探したいジャンルやテーマを表わすキーワードで探してください。

＜ 配列 ＞

1. 見出し語の読みの五十音順で配列しています。長音、中黒は無視し、拗音、促音、外来語の小字は直音とし、濁音と半濁音は清音としています。欧文や数字を含む見出し語も、日本語読みの五十音順で配列しています。見出し語が完全に一致する場合は、丸括弧の中の語の五十音順に配列しています。

＜ 所在指示 ＞

2. 見出し語のあとの数字は、本書の頁を示し、数字の後ろの「上」は該当頁の上段、「下」は該当頁の下段であることを示しています。
3. 図書館名索引の頁のあとの「記事」は、その図書館の図書館員へのインタビュー記事を、「事例」はその図書館のレファレンス事例であることを示しています。

＜ 見出し語 ＞

4. 見出し語の直後の(　)は、意味的な区別や、補足説明を示しています。
5. 図書館名索引の見出し語の太字は、本文の見出しに記載されている図書館名であることを示しています。見出し語の直後の[　]は、その図書館の所在都道府県名を示しています。
6. キーワード索引の『　』で括っている見出し語は資料名を意味しています。副見出し語は、主見出し語から2字下げて記述しています。

＜ 参照 ＞

7. 「→」は、「を見よ」参照を示し、その先に記述されている見出し語を見ることを指示しています。
   「→:」は、「をも見よ」参照を示し、その先に記述されている見出し語も見るとよいということを意味しています。参照が複数ある場合は、「;」で区切っています。

（私立図書館小委員会作成）

図書館名索引

あ

課題解決のための専門図書館ガイドブック

2020年8月20日　初版第1刷発行

編　　者　専門図書館協議会私立図書館小委員会
〒104-0033　東京都中央区新川1-11-14
日本図書館協会会館6階
電話:03-3537-8335　FAX:03-3537-8336
https://jsla.or.jp/

編 集 人　渡辺拓海
発 行 人　成松一郎
発 行 所　有限会社 読書工房
〒171-0031　東京都豊島区目白3-13-18 ウィング目白102
電話:03-5988-9160　FAX:03-5988-9161
Eメール:info@d-kobo.jp
https://www.d-kobo.jp/
装幀デザイン　諸橋 藍
D T P　村上 文
印刷・製本　あづま堂印刷株式会社
用　　紙　株式会社 西武洋紙店

ISBN978-4-902666-38-0

［本書で使用している紙］
本文:b7クリーム　四六判T目　79kg(日本製紙)
表紙:サンカード+　四六判T目　19.5kg(王子製紙)

［本書で使用している書体］
游ゴシック体 ボールド
游ゴシック体 ミディアム
FOT-筑紫A丸ゴシックStd B
Boston Regular
Boston Bold
Boston Black